# Karibu

## Spracharbeitsheft 3 A

**Erarbeitet von**

Elena Bader, Astrid Eichmeyer,
Andrea Warnecke, Sabine Willmeroth

**Illustriert von**

Michael Ciecimirski, Svenja Doering,
Gaby Jungkeit, Silke Reimers

# Inhaltsverzeichnis

## Was diese Zeichen bedeuten:

⧍⧍ Wir arbeiten zu zweit.

⧍ Wir arbeiten in einer Gruppe.

💬 Murmelrunde

△ Ich – Du – Wir

📓 Ich bearbeite die Aufgabe in meinem Schreibheft.

📖 Ich schlage in der Wörterliste nach.

🔍 Ich recherchiere in Büchern oder im Internet.

▭ Ich nehme den Text unter die Lupe.

— S.2 Ich kann in meinem Kari-Heft nachschlagen.

🚩 Ich arbeite im Das kann ich-Heft weiter.

## So kannst du die QR-Codes verwenden:

Anforderungsbereiche: ◯ 1 ◯ 2 ◯ 3 ▢ binnendifferenziert

• Spracharbeitsheft Fö (SAH Fö)  Kompetenzen der Seite; digitale Kompetenzen ▨;  Kompetenzbereich
• Arbeitsheft Inklusiv (Wir-Heft C)  Bildung für nachhaltige Entwicklung ◐;
• Übungsheft Fordern (ÜH FO)  ◯ interaktive Übungen  3

# Willkommen

## Gesprächsregeln wiederholen und erweitern

(1) Erzähle.

(2) Warum sind Gesprächsregeln wichtig? Erkläre.

(3) Verbindet. 👥

| | |
|---|---|
| Ich lasse | wenn ich an der Reihe bin. |
| Ich höre zu, | wenn ich etwas sagen will. |
| Ich melde mich zuerst, | wenn jemand spricht. |
| Ich spreche laut und deutlich, | andere ausreden. |

4 Welche Gesprächsregeln gelten für deine Klasse?

◯ Erzähle.   ◯ Male.   ◯ Schreibe.

Sprechen und Zuhören

zu anderen sprechen: erzählen; mit anderen sprechen: Gespräche führen; Gesprächsregeln entwickeln und beachten; verstehend zuhören: Hörtexte erfassen

• SAH Fö, S. 4

## Hefteinträge lesbar gestalten

**1** Lies die Ferienpost von Kari und Bu.

> Liebe Kinder,
>
> wir sind auf der kleinen
>
> Insel Karula. Sie liegt auf
>
> dem Planeten Kiruba. Hier
>
> gibt es seltsame Pflanzen.
>
> Sie heißen Karanga und die
>
> Blüten schmecken lecker.
>
> Das kirubische Meer leuchtet
>
> knallrot. Viele Kiralus
>
> schwimmen darin. Das sind
>
> Fische mit spitzen Zähnen.
>
> Liebe Grüße
>
> Kari und Bu

**2** Schreibe das Wort **Ferienpost** in die Schreiblinien.

F

**3** Schreibe den Text aus **1** in deiner schönsten Schrift ab.
Beachte die Regeln zum Hefteintrag.

S. 29

**4** Schreibe eine eigene Ferienpost.

Abschreibtechniken kennen und anwenden: Abschreibtechnik nutzen, leserlich schreiben; Texte schreiben: eine Erzählung schreiben

Texte verfassen

## Das Alphabet und die Wörterliste kennen

**1** Erzähle.

Wie ordne ich diese Wörter nach dem Abc?

Ich kreise den ersten Buchstaben ein. Dann spreche ich das Abc.

Fisch | Delfin | Ameise | Giraffe

**2** Schreibe das Abc in Großbuchstaben und in Kleinbuchstaben auf.

Aa, Bb,

**3** Ordne die Nomen nach dem Abc.

Das Abc heißt auch Alphabet.

☐ Fisch   ☐ Delfin   1 Ⓐmeise   ☐ Giraffe

— S. 26 **4** Schlage die Nomen nach.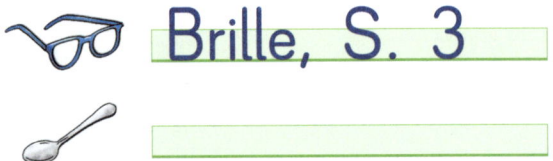

Brille, S. 3

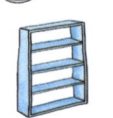

**5** Ordne die Nomen nach dem Abc. Prüfe mit der Wörterliste.

Ich achte auf den dritten Buchstaben.

☐ Rand   ☐ Rasen   ☐ Ratte   1 Ra d io   ☐ Raum

**Sprache untersuchen**   sprachliche Begriffe kennen und anwenden: Alphabet; sprachliche Strukturen anwenden: Wörter ordnen (Alphabet)   • SAH Fö, S. 6

6

## Wörter mit ie und i mitsprechen

**1** Erkläre.

Die erste Silbe ist geschlossen.
Der Vokal klingt kurz.

Die erste Silbe ist offen.
Der Vokal klingt lang.

**2** Schwinge die Wörter. Markiere die Vokale in der ersten Silbe. Ordne zu.

Tie re — Tin te     Bilder — Biene     Lieder — Linde

1. Silbe offen:      Tiere

1. Silbe geschlossen:

**3** **ie** oder **i**? Schwinge die Wörter. Setze ein.

Sch ie ne    Sch___nken    Fl___ge    St___fte    W___se

r___chen    s___ngen    kr___chen    tr___nken    st___nken

**4** **ie** oder **i**? Schwinge die Wörter. Setze ein.

Kari und Bu sind l ie be Außerirdische.

Sie sp___len gern auf W___sen.

Dann fl___gen sie ins All, weit h___nter die Milchstraße.

Dort l___gen sie auf r___sigen K___ssen.

Sie f___nden lustige Br___fe der K___nder von der Erde.

• SAH Fö, S. 7     sprachliche Strukturen kennen und anwenden: offene und geschlossene Silben kennen und anwenden, Wörter mit ie schreiben;
Rechtschreibstrategien anwenden: Mitsprechen     Richtig schreiben

7

## Von Erlebnissen erzählen

**①** Beschreibe.

> Heute machen wir einen Ausflug mit der Klasse.

**②** Erzähle von einem Ausflug.

| Wer? | Wann? | Wo? | Was? | Wie? |
|---|---|---|---|---|

> Am Montag war ich mit ...

> Wir haben ...

> Es war ...

**③** Gestalte zu deiner Erzählung aus ②.

○ Male.　○ Nimm auf.　○ Schreibe.

# westermann

# Karibu

## 3

## Das kann ich
Sprachbuch/Spracharbeitsheft

Schaum

schäumen

Name

Klasse

passt zu Verbrauch
und Ausleihe

**1** Welche Wörter sind Nomen? Kreise ein.

| | | | |
|---|---|---|---|
| GLAS | STILL | GEMEINSAMKEIT | HART |
| SPRACHE | HÖRT | AUGUST | KATZE |
| MUT | RECHNUNG | KLEIN | LÄUFT |
| DIENSTAG | ROSE | ONKEL | LEISE |

**2** Bilde Nomen mit den Wortbausteinen
heit, keit und ung. Schreibe auf.

häufig   –

krank   –

faul   –

halten   –

bestellen –

wahr   –

einsam   –

**1** Schwinge die Wörter.

| Flöhe | ziehen | drehen | frohe |
|---|---|---|---|

**2** Schwinge die Nomen weiter. Schreibe auf.

|  |  | Wort |
|---|---|---|
| | | |
| | | |
| | | |
| | | |

**3** Schwinge die Verben weiter. Setze **h** ein.

er ge ___ t      wir _____

sie ste ___ t    wir _____

es zie ___ t     wir _____

es krä ___ t     wir _____

**1** Schreibe die Mehrzahl und die Einzahl auf.

| | Mehrzahl | Einzahl |
|---|---|---|
| | | |
| | | |

**2** Schreibe die Nomen auf. Markiere r.

**3** Schreibe die Nomen auf. Markiere r.

**1** Schreibe die Verben in den Personalformen auf.

**malen**                     **hören**

ich _____     ich _____

du _____     du _____

er _____     er _____

wir _____     wir _____

ihr _____     ihr _____

sie _____     sie _____

**2** Schreibe die Er-Form
der unregelmäßigen Verben auf.

wollen – er _____     sehen – er _____

geben – er _____     dürfen – er _____

haben – er _____     essen – er _____

helfen – er _____     können – er _____

5

**1** Bilde mit den vorangestellten Wortbausteinen
neue Verben. Schreibe auf.

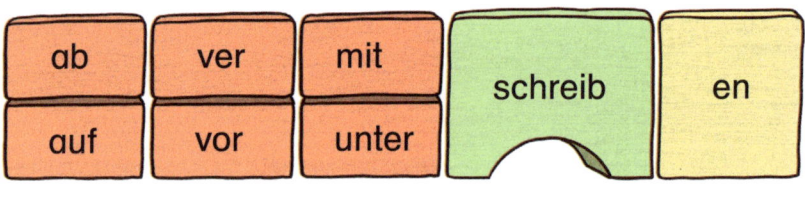

| ab | ver | mit | schreib | en |
| auf | vor | unter | | |

**2** Unterstreiche die beiden Teile des Verbs.

Ich ziehe meine Jacke an.

Wir kaufen in der Stadt ein.

Papa kommt heute mit.

Er stellt das Fahrrad ab.

Ich laufe ein wenig vor.

Einige Tauben fliegen weg.

Ich renne zu Papa zurück.

**1** Schwinge die Nomen weiter. Setze ein.

Wal___
t/d

Ber___
k/g

Kor___
p/b

**2** Schwinge die Adjektive weiter. Setze ein.

wil___ der [＿＿＿＿＿＿＿＿] Löwe
t/d

klu___ der [＿＿＿＿＿＿＿＿] Fuchs
k/g

lie___ das [＿＿＿＿＿＿＿＿] Pferd
p/b

**3** Schwinge die Verben weiter. Setze ein.

le___t Wir [＿＿＿＿＿＿＿] in Deutschland.
p/b

stei___t Wir [＿＿＿＿＿＿＿] auf den Berg.
k/g

schie___t Wir [＿＿＿＿＿＿＿] die Fahrräder.
p/b

par___t Wir [＿＿＿＿＿＿＿] das Auto.
k/g

😃 😃 😐 ☹️

**1** **haben** oder **sein**? Verbinde.

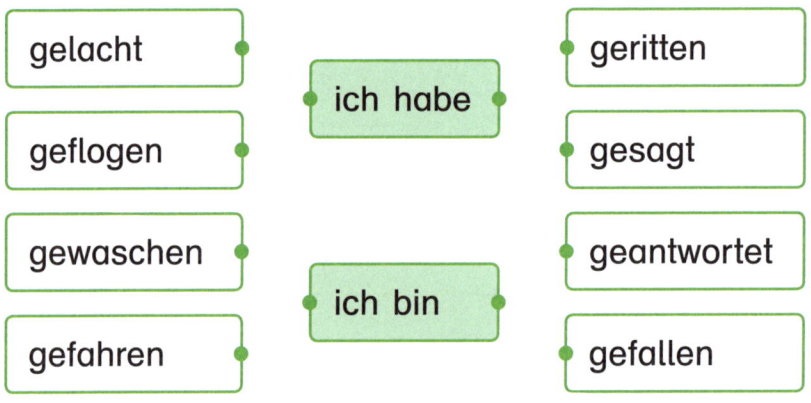

| gelacht | | geritten |
| geflogen | ich habe | gesagt |
| gewaschen | | geantwortet |
| gefahren | ich bin | gefallen |

**2** Unterstreiche die Verben.
Schreibe die Sätze im Perfekt auf.

Er fliegt in den Ferien ans Meer.

In der Schule lernen wir neue Wörter.

**1** Schwinge die Nomen weiter. Schreibe auf.

| |  | Wort |
|---|---|---|
| | | |
| | | |
| | | |

**2** Schwinge die Verben weiter. Schreibe auf.

sie ho___t     wir
f / ff

er pu___t     wir
z / tz

es pi___t     wir
k / ck

**3** Schwinge die Adjektive weiter. Setze ein.

| | | |
|---|---|---|
| **l** oder **ll**? | die he____e Sonne – | he____ |
| **k** oder **ck**? | der di____e Stamm – | di____ |
| **z** oder **tz**? | der spi____e Stock – | spi____ |

😊 😊 😐 ☹

**1** Schreibe die Verben in der Er-Form auf.
Markiere das Dehnungs-h rot.

| fühlen | bohren | führen | gähnen |

**2** Schreibe die Nomen auf.
Markiere das Dehnungs-h rot.

**3** Markiere den Wortstamm. Unterstreiche
die Wortfamilien in verschiedenen Farben.

| wohnt | kühl | wahr |
| Wohnung | Kühlfach | bewohnt |
| kühlen | Wahrheit | aufbewahren |
| gekühlt | unwahr | wohnen |

**1** Unterstreiche den <u>Redebegleitsatz</u> und die <u>wörtliche Rede</u>.

> Oma sagt: „Ich lese die Zeitung."
>
> Opa fragt: „Kann ich die Zeitung haben?"
>
> Papa meint: „Morgen ist sie Altpapier."
>
> Mama sagt: „Ich lese sie auf dem Tablet."
>
> Opa ruft: „Gute Idee!"

**2** Unterstreiche den <u>Redebegleitsatz</u> und die <u>wörtliche Rede</u>. Setze die Zeichen der wörtlichen Rede.

> Ole sagt    Ich gehe in die Bücherei.
>
> Mama fragt    Kannst du mein Buch abgeben?
>
> Ole antwortet    Natürlich.
>
> Ina fragt    Darf ich mitgehen?
>
> Ole brummt    Wenn es sein muss.
>
> Ina jubelt    Hurra!
>
> Mama lobt    Das ist nett von dir, Ole.

**1** Welche Verben gehören zum Wortfeld **sagen**?
Unterstreiche.

> erzählen   geben   brummen   tragen   bitten
>
> holen   behaupten   rufen   fragen   murmeln
>
> winken   meinen   antworten   flüstern   erklären

**2** Setze Verben aus dem Wortfeld **sagen** ein.

Momo _____ Liest du mir vor, Mama?

Mama _____ Ich habe keine Zeit.

Momo _____ Das ist doof!

Oma _____ Ich habe Zeit.

Momo _____ Ich hole die Märchen.

**3** Unterstreiche in **2** den Redebegleitsatz
und die wörtliche Rede.
Setze die Zeichen der wörtlichen Rede.

**1** Leite ab. Schreibe ein verwandtes Wort mit **a** auf.

Blätter [_____]   kämpfen [_____]

zählen [_____]   täglich [_____]

ängstlich [_____]   kräftig [_____]

**2** Leite ab. Schreibe ein verwandtes Wort mit **a** auf.

Mäuse [_____]   träumen [_____]

läuten [_____]   häuslich [_____]

säubern [_____]   räumen [_____]

**3** Setze **e** oder **ä**, **eu** oder **äu** ein.

Die sieben Zw____rge leben hinter den sieben

B____rgen. Alle haben lange B____rte.

In ihrem H____schen sind sieben B____ttchen.

In den W____ldern sammeln sie Kr____ter.

Doch h____te streichen sie die Z____ne.

😀 🙂 😐 🙁   13

 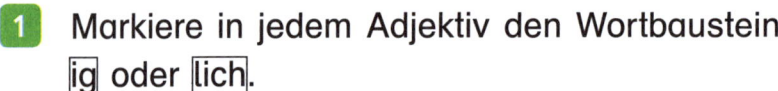

**1**  Markiere in jedem Adjektiv den Wortbaustein
ig oder lich.

> fröhlich   lustig   heimlich   durstig   hungrig
>
> freundlich   herrlich   sonnig   traurig   lieblich

**2**  Bilde Adjektive mit den Wortbausteinen
ig und lich. Schreibe auf.

der Schreck

der Wind

der Schmutz

der Mut

das Glück

der Witz

der Dreck

das Kind

der Fleiß

**1**  Bilde zusammengesetzte Nomen.

grün + die Pflanze

laut + die Stärke

mager + der Quark

**2**  Bilde zusammengesetzte Nomen.

| hoch | neu |
|------|-----|
| groß | kühl |

| das Jahr | der Vater |
|----------|-----------|
| der Schrank | das Haus |

**3**  Bilde zusammengesetzte Nomen.

laufen + der Schuh

reiten + der Helm

hüpfen + die Burg

klettern + das Gerüst

**1** Schwinge weiter. Setze ein.

Ber___spitze
k/g

Bli___eis
z/tz

Sto___spitze
k/ck

**2** Schwinge weiter. Setze ein.

Re____maus     wir
n/nn

Ba____blech     wir
k/ck

Kra____baum     wir
z/tz

**3** Schwinge weiter. Setze ein.

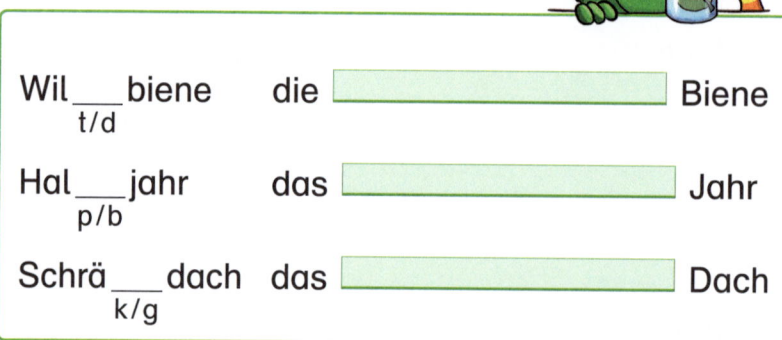

Wil___biene     die                    Biene
t/d

Hal___jahr     das                    Jahr
p/b

Schrä___dach     das                    Dach
k/g

**1** Steigere die Adjektive.

| Grundform | 1. Vergleichs-stufe | 2. Vergleichs-stufe |
|---|---|---|
| voll | | |
| | älter | |
| arm | | |
| | besser | |
| viel | | |

**2** Vergleiche. Schreibe zwei Sätze.

| schnell | lang |
|---|---|

☺ ☺ ☹ ☹

**1** Schwinge mit der 1. Vergleichsstufe weiter.
Schreibe auf.

klu ___     [         ]     lie ___     [         ]
     k/g                          p/b

schrä ___     [         ]     run ___     [         ]
     k/g                          t/d

**2** ß oder s? Schwinge mit der 1. Vergleichsstufe
weiter. Schreibe auf.

sü ___     [         ]     mie ___     [         ]

gro ___     [         ]     hei ___     [         ]

**3** Schwinge weiter. Setze ein.

| star $_g^k$     mil $_d^t$     kal $_d^t$ |

Am Südpol ist es [        ] als in Italien.

Der Wind weht am Südpol [        ].

In Italien ist das Wetter [        ].

**1** Stelle den Satz zweimal um. Schreibe auf.

> Der Frosch hüpft auf die Mauer.

**2** Markiere die Satzglieder. Nutze die Umstellprobe.

> Die Prinzessin spricht mit dem Frosch.
>
> Im Brunnen liegt die goldene Kugel.
>
> Der Frosch holt die Kugel aus dem Wasser.
>
> Schnell läuft die Prinzessin ins Schloss.
>
> Hält die Königstochter das Versprechen?
>
> Die Königin schimpft mit der Prinzessin.

**3** Unterstreiche in **2** Prädikate und Subjekte.

**1** Lies die Beschreibung.

> Der Prinz ist ungefähr 30 Jahre alt.
>
> Er hat eine schlanke Figur und blonde Haare.
>
> Seine Haare reichen <u>ihm</u> bis auf die Schultern.
>
> Er trägt <u>auf dem Kopf</u> eine Krone.
>
> Eine Hakennase sitzt <u>über dem großen Mund</u>.
>
> Braune Stiefel stecken <u>an seinen Füßen</u>.
>
> Er hält eine Rose <u>in seiner Hand</u>.

**2** Was fällt dir in **1** auf? Kreuze an.

○ Das Subjekt steht immer vorn.

○ Die Beschreibung ist unvollständig.

○ Die Reihenfolge stimmt nicht.

**1** Überarbeite die Beschreibung von Seite 20. Stelle Sätze um. Nutze die unterstrichenen Satzglieder. Achte auf eine lesbare Schrift.

**1** Markiere Ver/ver und Vor/vor.

> Verband   Vorwurf   verbessern   verabredet
>
> vortragen   vertragen   Versuch   Vorfahrt

**2** Bilde Nomen mit Ver und Vor. Schreibe sie auf.

STECK        NAME        BILD        DACHT

**3** Setze ver und vor passend ein.

> Die Tiere _____ stecken sich im Wald.
>
> Der Esel blickt _____ sichtig durch das Fenster.
>
> Die Räuber _____ lassen erschreckt das Haus.
>
> Nun essen die Tiere _____ gnügt alle Reste.
>
> So _____ nehm haben sie früher nicht gelebt.
>
> Oft haben sie _____ geblich um Futter gebettelt.

**1** Verbinde.

| jeden Tag | • | • | Wohin? |
| in den Wald | • | • | Wann? |
| aus dem Fenster | • | • | Wie lange? |
| drei Tage lang | • | • | Woher? |
| im Bett | • | • | Wo? |

**2** Markiere die Satzglieder. Nutze die Umstellprobe.

Rapunzel wohnt lange in einem Turm.

Der Turm steht im dunklen Wald.

Abends kommt die Zauberin zum Turm.

Rapunzels Zopf fällt aus dem Fenster.

Die Zauberin klettert jeden Tag in den Turm.

**3** Unterstreiche in **2** Prädikate, Subjekte,
Ortsangaben und Zeitangaben.

23

**1** Ordne die Nomen nach dem Abc. Schreibe auf.

| Tiger | Biber | Pirat | Giraffe |
|---|---|---|---|

1. _____     3. _____

2. _____     4. _____

**2** Ordne die Nomen nach dem Abc. Schreibe auf.

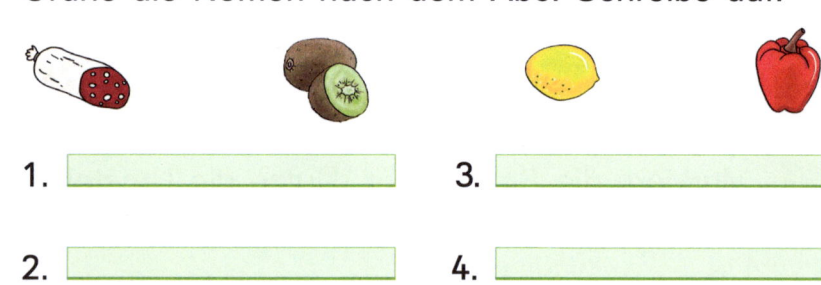

1. _____     3. _____

2. _____     4. _____

**3** Finde das passende Merkwort. Schreibe auf.

Damit unterstreiche ich Wörter. _____

Sie hilft mir in der Not. _____

Es ist ein Tier mit Stacheln. _____

😀 🙂 😐 🙁

| Kompetenz | Rückmeldung |
|---|---|
| **In der Schule** | |
| Nomen kennen | |
| Wörter mit silbentrennendem **h** weiterschwingen | |
| Wörter mit vokalisiertem **r** schreiben | |
| **In der Natur** | |
| Personalformen von regelmäßigen und unregelmäßigen Verben bilden | |
| Wortbausteine von Verben kennen | |
| Wörter mit Auslautverhärtung weiterschwingen | |
| **Gemeinsam leben** | |
| Perfekt kennen und bilden | |
| Wörter mit Doppelkonsonanten, **ck**, **tz** weiterschwingen | |
| Merkwörter mit Dehnungs-h schreiben | |
| **Zeit zum Lesen** | |
| Wörtliche Rede kennen und nutzen | |

| Kompetenz | Rückmeldung |
|---|---|
| Ein Wortfeld für Redebegleitsätze nutzen | |
| Wörter mit **ä** und **äu** ableiten | |
| **Medien entdecken** | |
| Adjektive mit **ig** und **lich** kennen | |
| Zusammengesetzte Nomen kennen und bilden | |
| Zusammengesetzte Wörter weiterschwingen | |
| **Welt der Sprache** | |
| Adjektive steigern | |
| Adjektive mit Auslautverhärtung weiterschwingen | |
| **Sagenhafte Märchenwelt** | |
| Satzglieder bestimmen (Prädikat, Subjekt) | |
| Eine Personenbeschreibung überarbeiten | |
| Wörter mit **ver** und **vor** schreiben | |
| **Fantasie und Träume** | |
| Satzglieder bestimmen (Ortsangabe, Zeitangabe) | |
| Merkwörter mit **i** schreiben | |

# Das kann ich
## Sprachbuch / Spracharbeitsheft 3

**Erarbeitet von**
Astrid Eichmeyer, Katja Eisenzapf, Hannah Grönert,
Steffi Lang, Andrea Warnecke, Sabine Willmeroth

**Bildquellenverzeichnis**
|Doering, Svenja, Köln: Titel, Titel, 3.1, 4.3, 5.1, 6.2, 7.1, 8.1, 9.4, 10.1, 11.1, 12.1, 13.1, 14.1, 15.1, 16.1, 17.1, 18.1, 20.2, 22.1, 23.1, 28.1. |Jungkeit, Gaby, Hofheim: 6.1. |Reimers, Silke, Mainz: 3.2, 3.3, 3.4, 3.5, 4.1, 4.2, 4.4, 4.5, 4.6, 4.7, 4.8, 4.9, 4.10, 4.11, 9.1, 9.2, 9.3, 10.2, 10.3, 10.4, 10.5, 17.2, 17.3, 17.4, 17.5, 20.1, 24.1, 24.2, 24.3, 24.4, 24.5, 24.6, 24.7.

© 2024 Westermann Bildungsmedien Verlag GmbH,
Georg-Westermann-Allee 66, 38104 Braunschweig
www.westermann.de

Druck A[1] / Jahr 2024
Alle Drucke der Serie A sind im Unterricht parallel verwendbar.

Redaktion: Jasmin Jasmer
Illustrationen: Svenja Doering, Gaby Jungkeit, Silke Reimers
Umschlaggestaltung: Anette Forsch, Berlin; Schriftzug: Godewind, Hamburg;
    Illustration: Svenja Doering, Köln
Layout: Godewind, Hamburg; Visuelle Lebensfreude, Hannover
Satz und technische Umsetzung: Satzteam Bleifrei, Hildesheim
Druck und Bindung: Westermann Druck GmbH, Georg-Westermann-Allee 66, 38104 Braunschweig

ISBN 978-3-14-129441-5

ISBN 978-3-14-129441-5

9 783141 294415

passt zu Verbrauch
und Ausleihe

# Karibu

**3**

## Mein Kari-Heft
Methoden, Wörterliste, Fachwörter

Name

Klasse

passt zu Verbrauch

# Strategien

## Mitsprechen

Bei den meisten Wörtern hilft
genaues Mitsprechen in Silben.

Kasten, Ritter, spielen, große, Qualm,
Garten, drehen, sitzen, blicken, …

Melone

## Weiterschwingen

Einige Wörter haben Aufpass-Stellen,
die ich durch Weiterschwingen erklären kann.

Hund, Berg, Korb, spielt, lobt, rennt, wild,
Bett, geht, groß, sitzt, blickt, …

Hund – Hunde,
also Hund mit **d**.

## Ableiten

Einige Wörter haben Aufpass-Stellen,
die ich durch Ableiten erklären kann.

Nägel, Äste, Mäuse, träumt, täglich, …

Nägel – Nagel,
also Nägel mit **ä**.

## Merken

Einige Wörter haben Aufpass-Stellen,
die ich nicht erklären kann. Ich muss sie mir merken.

Vogel, Hexe, Cent, Handy, Beet, Zahn, Bär, Mai, Tiger, …

Vater, ich höre **F**,
ich schreibe **V**.

## Großschreiben

das Kind, der Salat, die Rose, der Spaß, …       Die Sonne scheint.

## Wortbausteine

auf | schreib | en        Schreib | tisch        sie | schreib | t

be | schmutz | en        Ver | schmutz | ung        schmutz | ig

# Inhaltsverzeichnis

# A a

**aber**

**ähnlich**

**alt**, älter, am ältesten

**am**

die **Ameise**, die Ameisen

die **Ampel**, die Ampeln

die **Angst**, die Ängste

**ängstlich**, ängstlicher,
am ängstlichsten

der **Anspitzer**, die Anspitzer

die **Antwort**, die Antworten

der **Apfel**, die Äpfel

der **April**

das **Aquarium**, die Aquarien

**ärgerlich**, ärgerlicher,
am ärgerlichsten

**arm**, ärmer, am ärmsten

der **Arzt**, die Ärzte

die **Ärztin**, die Ärztinnen

der **Ast**, die Äste

**aufräumen**, sie räumt auf,
sie hat aufgeräumt

der **August**

**außen**

**außerdem**

# B b

**backen**, er backt,
er hat gebacken

die **Bahn**, die Bahnen

**bald**

der **Ball**, die Bälle

die **Banane**, die Bananen

das **Band**, die Bänder

die **Bank**, die Bänke

der **Bär**, die Bären

der **Baum**, die Bäume

**beginnen**, es beginnt,
es hat begonnen

**begrüßen**, sie begrüßt,
sie hat begrüßt

das **Bein**, die Beine

**beißen**, er beißt,
er hat gebissen

**benutzen**, sie benutzt,
sie hat benutzt

**bereits**

der **Berg**, die Berge

**beschließen**, er beschließt,
er hat beschlossen

das **Bett**, die Betten

die **Beule**, die Beulen

**bevor**

der **Beweis**, die Beweise

**beweisen**, sie beweist,
sie hat bewiesen

die **Bibel**, die Bibeln

der **Biber**, die Biber

das **Bild**, die Bilder

**billig**, billiger, am billigsten

Rechtschreibhilfen verwenden:
mit der Wörterliste arbeiten

**binden**, sie bindet,
sie hat gebunden

**bisschen**

**bissig**, bissiger, am bissigsten

das **Blatt**, die Blätter

**blättern**, er blättert,
er hat geblättert

**blau**

**blind**

der **Blitz**, die Blitze

**blond**, blonder, am blondesten

**bloß**

**blühen**, es blüht,
es hat geblüht

die **Blume**, die Blumen

**bohren**, sie bohrt,
sie hat gebohrt

der **Brand**, die Brände

**braten**, er brät,
er hat gebraten

**braun**

**bräunlich**

**brav**, braver, am bravsten

**brennen**, es brennt,
es hat gebrannt

das **Brett**, die Bretter

der **Brief**, die Briefe

die **Brille**, die Brillen

das **Brot**, die Brote

der **Bruder**, die Brüder

**brüderlich**

das **Buch**, die Bücher

**bunt**, bunter, am buntesten

die **Burg**, die Burgen

die **Bürste**, die Bürsten

die **Butter**

# Cc

der **Cent**, die Cents

das **Chaos**

der **Computer**, die Computer

# Dd

**dann**

**davon**

**davor**

der **Deckel**, die Deckel

der **Delfin**, die Delfine

**denken**, sie denkt,
sie hat gedacht

**denn**

**deshalb**

der **Dezember**

**dick**, dicker, am dicksten

der **Dino**, die Dinos

die **Dose**, die Dosen

**dreckig**, dreckiger,
am dreckigsten

**drehen**, er dreht,
er hat gedreht

**drohen**, es droht,
es hat gedroht

der **Drucker**, die Drucker

**dunkel**, dunkler,
am dunkelsten

**dünn**, dünner, am dünnsten

**durch**

**dürfen**, sie darf,
sie hat gedurft

**durstig**, durstiger,
am durstigsten

# Ee

**eckig**

**ehrlich**, ehrlicher,
am ehrlichsten

das **Ei**, die Eier

die **Einladung**,
die Einladungen

**einpacken**, er packt ein,
er hat eingepackt

die **Einsamkeit**

der **Elefant**, die Elefanten

das **Ende**, die Enden

**endlich**

die **Ente**, die Enten

die **Erde**, die Erden

das **Erdmännchen**,
die Erdmännchen

**erkältet**

die **Erklärung**, die Erklärungen

**erzählen**, er erzählt,
er hat erzählt

der **Esel**, die Esel

**essen**, sie isst,
sie hat gegessen

# Ff

die **Fähre**, die Fähren

**fahren**, es fährt,
es ist gefahren

der **Fall**, die Fälle

**fallen**, er fällt,
er ist gefallen

**fangen**, sie fängt,
sie hat gefangen

die **Farbe**, die Farben

**farbig**, farbiger, am farbigsten

das **Fass**, die Fässer

die **Faulheit**

der **Februar**

die **Feder**, die Federn

**fegen**, er fegt,
er hat gefegt

**fehlen**, es fehlt,
es hat gefehlt

**feiern**, sie feiert,
sie hat gefeiert

**fein**, feiner, am feinsten

das **Feld**, die Felder

das **Fell**, die Felle

das **Fenster**, die Fenster

das **Feuer**, die Feuer

die **Fibel**, die Fibeln

**fies**, fieser, am fiesesten

**finden**, er findet,
er hat gefunden

der **Fisch**, die Fische

die **Flasche**, die Flaschen

der **Fleck**, die Flecken

der **Fleiß**

**fleißig**, fleißiger, am fleißigsten

die **Fliege**, die Fliegen

**fliegen**, sie fliegt,
sie ist geflogen

**fliehen**, er flieht,
er ist geflohen

**fließen**, es fließt,
es ist geflossen

**flink**, flinker, am flinksten

der **Floh**, die Flöhe

das **Floß**, die Flöße

der **Flug**, die Flüge

der **Flur**, die Flure

der **Fluss**, die Flüsse

das **Foto**, die Fotos

die **Frage**, die Fragen

**fragen**, sie fragt,
sie hat gefragt

**frech**, frecher, am frechsten

**frei**, freier, am freisten

der **Freitag**, die Freitage

**fremd**, fremder, am fremdesten

**fressen**, es frisst,
es hat gefressen

die **Freude**

sich **freuen**, er freut sich,
er hat sich gefreut

der **Freund**, die Freunde

die **Freundin**, die Freundinnen

**friedlich**

**froh**, froher, am frohsten

die **Fröhlichkeit**

**früh**, früher, am frühsten

der **Frühling**

**fühlen**, sie fühlt,
sie hat gefühlt

**führen**, er führt,
er hat geführt

der **Füller**, die Füller

**für**

der **Fuß**, die Füße

**füttern**, sie füttert,
sie hat gefüttert

# G g

die **Gabel**, die Gabeln

**gähnen**, er gähnt,
er hat gegähnt

die **Gans**, die Gänse

der **Garten**, die Gärten

das **Gebäude**, die Gebäude

**geben**, sie gibt,
sie hat gegeben

die **Gefahr**, die Gefahren

**gehen**, er geht,
er ist gegangen

gelb

die **Gemeinsamkeit**,
die Gemeinsamkeiten

das **Genie**, die Genies

**genießen**, sie genießt,
sie hat genossen

das **Gepäck**

das **Gerät**, die Geräte

**gesund**, gesünder,
am gesündesten

**gießen**, es gießt,
es hat gegossen

**giftig**, giftiger, am giftigsten

die **Giraffe**, die Giraffen

die **Gitarre**, die Gitarren

der **Glanz**

das **Glas**, die Gläser

**glatt**, glatter, am glattesten

**glauben**, er glaubt,
er hat geglaubt

das **Glück**

**glücklich**, glücklicher,
am glücklichsten

**glühen**, es glüht,
es hat geglüht

**graben**, sie gräbt,
sie hat gegraben

das **Gras**, die Gräser

**grau**

**grob**, gröber, am gröbsten

**groß**, größer, am größten

der **Gruß**, die Grüße

**grüßen**, sie grüßt,
sie hat gegrüßt

die **Gurke**, die Gurken

**gut**, besser, am besten

# H h

**haben**, es hat,
es hat gehabt

der **Hahn**, die Hähne

der **Hai**, die Haie

**halb**

**halten**, er hält,
er hat gehalten

der **Hamster**, die Hamster

die **Hand**, die Hände

der **Hang**, die Hänge

**hart**, härter, am härtesten

der **Hase**, die Hasen

**hässlich**, hässlicher,
am hässlichsten

der **Haufen**, die Haufen

**häufig**, häufiger, am häufigsten

das **Haus**, die Häuser

die **Haut**, die Häute

**heben**, sie hebt,
sie hat gehoben

**heiß**, heißer, am heißesten

**heißen**, er heißt,
er hat geheißen

die **Heizung**, die Heizungen

Rechtschreibhilfen verwenden:
mit der Wörterliste arbeiten

**helfen**, sie hilft,
sie hat geholfen
**hell**, heller, am hellsten
**herbstlich**, herbstlicher,
am herbstlichen
**herrlich**, herrlicher,
am herrlichsten
**herzlich**, herzlicher,
am herzlichsten
**hier**
die **Hilfe**, die Hilfen
**hinter**
die **Hitze**, die Hitzen
**hoch**, höher, am höchsten
**hoffen**, er hofft,
er hat gehofft
die **Höflichkeit**
die **Höhle**, die Höhlen
**holen**, sie holt,
sie hat geholt
**hören**, er hört,
er hat gehört
**hübsch**, hübscher,
am hübschesten
das **Huhn**, die Hühner
der **Hund**, die Hunde
**hupen**, sie hupt,
sie hat gehupt
**hüpfen**, er hüpft,
er ist gehüpft
der **Hut**, die Hüte

# I i

die **Idee**, die Ideen
der **Igel**, die Igel
**im**
**immer**
die **Insel**, die Inseln

# J j

die **Jacke**, die Jacken
das **Jahr**, die Jahre
der **Januar**
die **Jeans**
das **Jo-Jo**, die Jo-Jos
**jucken**, es juckt,
es hat gejuckt
der **Juli**
**jung**, jünger, am jüngsten
der **Juni**

# K k

das **Kabel**, die Kabel
der **Käfer**, die Käfer
der **Käfig**, die Käfige
der **Kaiser**, die Kaiser
der **Kaktus**, die Kakteen
das **Kalb**, die Kälber
**kalt**, kälter, am kältesten
die **Kälte**
der **Kamm**, die Kämme

der **Kampf**, die Kämpfe

das **Känguru**, die Kängurus

der **Käse**, die Käse

die **Katze**, die Katzen

**kaufen**, sie kauft,
sie hat gekauft

das **Kilogramm**, die Kilogramme

das **Kind**, die Kinder

das **Kino**, die Kinos

**kippen**, er kippt,
er hat/ist gekippt

die **Kirsche**, die Kirschen

das **Kissen**, die Kissen

die **Kiste**, die Kisten

die **Kiwi**, die Kiwis

**klappen**, es klappt,
es hat geklappt

die **Klasse**, die Klassen

das **Klavier**, die Klaviere

**kleben**, sie klebt,
sie hat geklebt

**klein**, kleiner, am kleinsten

**klettern**, er klettert,
er ist geklettert

der **Kloß**, die Klöße

**klug**, klüger, am klügsten

die **Klugheit**

**knacken**, er knackt,
er hat geknackt

**knallen**, es knallt,
es hat geknallt

**kneifen**, sie kneift,

sie hat gekniffen

der **Knopf**, die Knöpfe

**kochen**, er kocht,
er hat gekocht

**kommen**, sie kommt,
sie ist gekommen

**können**, es kann,
es hat gekonnt

der **Korb**, die Körbe

die **Kraft**, die Kräfte

**kräftig**

die **Krähe**, die Krähen

**krähen**, er kräht,
er hat gekräht

**krank**, kränker, am kränksten

die **Krankheit**, die Krankheiten

**kränklich**, kränklicher,
am kränklichsten

**kratzen**, es kratzt,
es hat gekratzt

das **Kraut**, die Kräuter

der **Kreis**, die Kreise

**kriechen**, sie kriecht,
sie ist gekrochen

**krumm**, krummer,
am krummsten

die **Kuh**, die Kühe

der **Kurs**, die Kurse

**kurz**, kürzer, am kürzesten

# L l

lachen, er lacht,
er hat gelacht

der **Laich**, die Laiche

das **Land**, die Länder

landen, sie landet,
sie ist gelandet

ländlich, ländlicher,
am ländlichsten

lang, länger, am längsten

langsam, langsamer,
am langsamsten

langweilig, langweiliger,
am langweiligsten

der **Lärm**

lassen, er lässt,
er hat gelassen

das **Laub**

laufen, sie läuft,
sie ist gelaufen

die **Laus**, die Läuse

laut, lauter, am lautesten

läuten, es läutet,
es hat geläutet

leben, er lebt,
er hat gelebt

lecken, sie leckt,
sie hat geleckt

lecker, leckerer, am leckersten

legen, er legt,
er hat gelegt

leihen, sie leiht,
sie hat geliehen

leise, leiser, am leisesten

lenken, er lenkt,
er hat gelenkt

lernen, sie lernt,
sie hat gelernt

lesen, er liest,
er hat gelesen

leserlich, leserlicher,
am leserlichsten

lieb, lieber, am liebsten

lieben, sie liebt,
sie hat geliebt

liegen, es liegt,
es hat gelegen

lila

das **Lineal**, die Lineale

die **Linie**, die Linien

der **Liter**, die Liter

locken, sie lockt,
sie hat gelockt

der **Löffel**, die Löffel

losen, er lost,
er hat gelost

der **Löwe**, die Löwen

die **Lupe**, die Lupen

lustig, lustiger, am lustigsten

## M m

**machen**, es macht,
es hat gemacht

die **Macht**

das **Mädchen**, die Mädchen

**mähen**, sie mäht,
sie hat gemäht

der **Mai**

der **Mais**

**malen**, er malt,
er hat gemalt

der **Mann**, die Männer

der **Mantel**, die Mäntel

das **Märchen**, die Märchen

der **März**

das **Maß**, die Maße

die **Maus**, die Mäuse

**mehr**

die **Meinung**, die Meinungen

die **Meldung**, die Meldungen

**messen**, sie misst,
sie hat gemessen

**mies**, mieser, am miesesten

die **Milch**

**mild**, milder, am mildesten

die **Minute**, die Minuten

der **Mittag**, die Mittage

**mögen**, er mag,
es hat gemocht

die **Möhre**, die Möhren

der **Mond**, die Monde

der **Monitor**, die Monitore

**müde**, müder, am müdesten

**mündlich**

**mutig**, mutiger, am mutigsten

die **Mütze**, die Mützen

## N n

die **Nacht**, die Nächte

**nah**, näher, am nächsten

**nähen**, er näht,
er hat genäht

sich **nähern**, sie nähert sich,
sie hat sich genähert

die **Naht**, die Nähte

**nämlich**

die **Nase**, die Nasen

das **Nashorn**, die Nashörner

**nass**, nasser, am nassesten

die **Nässe**

**neben**

**nehmen**, sie nimmt,
sie hat genommen

das **Netz**, die Netze

**neu**, neuer, am neuesten

**nicken**, er nickt,
er hat genickt

**niesen**, sie niest,
sie hat geniest

der **November**

**nur**

die **Nuss**, die Nüsse

die **Nussschale**, die Nussschalen

Rechtschreibhilfen verwenden:
mit der Wörterliste arbeiten

# O o

ob

das **Obst**

oder

die **Öffnung**, die Öffnungen

oft

ohne

das **Ohr**, die Ohren

der **Oktober**

die **Oma**, die Omas

der **Onkel**, die Onkel

die **Ordnung**

der **Otter**, die Otter

# P p

**packen**, sie packt,
sie hat gepackt

die **Palme**, die Palmen

das **Papier**, die Papiere

die **Paprika**, die Paprika

die **Pause**, die Pausen

der **Pelikan**, die Pelikane

**pflegen**, er pflegt,
er hat gepflegt

**pflücken**, sie pflückt,
sie hat gepflückt

die **Pfütze**, die Pfützen

**picken**, er pickt,
er hat gepickt

der **Pirat**, die Piraten

der **Platz**, die Plätze

**platzen**, es platzt,
es ist geplatzt

die **Polizei**

das **Pony**, die Ponys

der **Pool**, die Pools

die **Primel**, die Primeln

der **Pullover**, die Pullover

das **Pulver**, die Pulver

**pünktlich**, pünktlicher,
am pünktlichsten

die **Puppe**, die Puppen

**putzen**, sie putzt,
sie hat geputzt

# Q q

die **Qual**, die Qualen

die **Qualle**, die Quallen

# R r

das **Rad**, die Räder

das **Radio**, die Radios

der **Rahmen**, die Rahmen

die **Rakete**, die Raketen

der **Rand**, die Ränder

**rasen**, er rast,
er ist gerast

der **Rasen**, die Rasen

die **Ratte**, die Ratten

der **Raub**

# Wörterliste

**rauben**, sie raubt,
sie hat geraubt

der **Rauch**

der **Raum**, die Räume

**räumen**, er räumt,
er hat geräumt

**rauschen**, es rauscht,
es hat gerauscht

**rechnen**, sie rechnet,
sie hat gerechnet

das **Regal**, die Regale

das **Reh**, die Rehe

der **Reis**

**reisen**, sie reist,
sie ist gereist

**reißen**, es reißt,
es hat/ist gerissen

**reiten**, er reitet,
er ist geritten

**rennen**, sie rennt,
sie ist gerannt

**riechen**, er riecht,
er hat gerochen

**riesig**, riesiger, am riesigsten

das **Rind**, die Rinder

der **Ring**, die Ringe

der **Riss**, die Risse

der **Rock**, die Röcke

**rollen**, er rollt,
er hat/ist gerollt

die **Rose**, die Rosen

**rot**

**rufen**, sie ruft,
sie hat gerufen

**ruhig**, ruhiger, am ruhigsten

**rühren**, er rührt,
er hat gerührt

**rund**, runder, am rundesten

# S s

der **Sack**, die Säcke

der **Saft**, die Säfte

die **Säge**, die Sägen

**sagen**, sie sagt,
sie hat gesagt

die **Salami**, die Salamis

**salzig**, salziger, am salzigsten

der **Samstag**, die Samstage

**sämtlich**

der **Sand**

**sandig**, sandiger,
am sandigsten

der **Satz**, die Sätze

**sauber**, sauberer,
am saubersten

**säubern**, sie säubert,
sie hat gesäubert

**sauer**, saurer, am sauersten

**saugen**, er saugt,
er hat gesaugt

der **Schädel**, die Schädel

**schaden**, es schadet,
es hat geschadet

Rechtschreibhilfen verwenden:
mit der Wörterliste arbeiten

die **Schale**, die Schalen

der **Schatz**, die Schätze

die **Schaukel**, die Schaukeln

der **Schaum**, die Schäume

**schenken**, er schenkt,
er hat geschenkt

die **Schere**, die Scheren

**schick**, schicker,
am schicksten

**schicken**, sie schickt,
sie hat geschickt

**schieben**, er schiebt,
er hat geschoben

**schießen**, sie schießt,
sie hat geschossen

das **Schiff**, die Schiffe

die **Schifffahrt**

das **Schild**, die Schilder

die **Schildkröte**, die Schildkröten

der **Schinken**, die Schinken

**schlafen**, er schläft,
er hat geschlafen

**schlagen**, es schlägt,
es hat geschlagen

die **Schlange**, die Schlangen

**schlank**, schlanker,
am schlankesten

**schleichen**, sie schleicht,
sie ist geschlichen

**schließen**, es schließt,
es hat geschlossen

**schließlich**

das **Schloss**, die Schlösser

**schmücken**, sie schmückt,
sie hat geschmückt

**schmutzig**, schmutziger,
am schmutzigsten

die **Schnecke**, die Schnecken

der **Schnee**

**schneiden**, er schneidet,
er hat geschnitten

**schnell**, schneller,
am schnellsten

**schnitzen**, er schnitzt,
er hat geschnitzt

die **Schnur**, die Schnüre

**schön**, schöner, am schönsten

**schräg**, schräger,
am schrägsten

der **Schrank**, die Schränke

**schreiben**, er schreibt,
er hat geschrieben

die **Schrift**, die Schriften

der **Schuh**, die Schuhe

**schuldig**

**schützen**, es schützt,
es hat geschützt

**schwer**, schwerer,
am schwersten

die **Schwester**, die Schwestern

**schwierig**, schwieriger,
am schwierigsten

**schwimmen**, sie schwimmt,
sie ist geschwommen

**schwitzen**, es schwitzt,
es hat geschwitzt
**sehen**, sie sieht,
sie hat gesehen
**sehr**
**sein**, es ist, es ist gewesen
die **Seite**, die Seiten
der **September**
der **Shake**, die Shakes
das **Shampoo**, die Shampoos
der **Sheriff**, die Sheriffs
das **Shirt**, die Shirts
der **Shop**, die Shops
die **Shorts**
die **Show**, die Shows
der **Shuttle**, die Shuttles
das **Sieb**, die Siebe
das **Silvester**
**singen**, er singt,
er hat gesungen
der **Sitz**, die Sitze
**sitzen**, es sitzt,
es hat gesessen
die **Socke**, die Socken
das **Sofa**, die Sofas
der **Sommer**, die Sommer
**sommerlich**, sommerlicher,
am sommerlichsten
die **Sonne**, die Sonnen
**sonnig**, sonniger,
am sonnigsten
**spannend**, spannender,

am spannendsten
der **Spaß**, die Späße
**spät**, später, am spätesten
der **Spatz**, die Spatzen
**spicken**, sie spickt,
sie hat gespickt
der **Spiegel**, die Spiegel
**spielen**, es spielt,
es hat gespielt
der **Spieß**, die Spieße
die **Spinne**, die Spinnen
**spitz**, spitzer, am spitzesten
**sportlich**, sportlicher,
am sportlichsten
**sprechen**, er spricht,
er hat gesprochen
**springen**, sie springt,
sie ist gesprungen
die **Spritze**, die Spritzen
**spülen**, er spült,
er hat gespült
der **Stab**, die Stäbe
der **Stall**, die Ställe
der **Stamm**, die Stämme
**stark**, stärker, am stärksten
**stechen**, sie sticht,
sie hat gestochen
**stecken**, es steckt,
es hat gesteckt
**stehen**, er steht,
er hat gestanden
**stehlen**, sie stiehlt,

Rechtschreibhilfen verwenden:
mit der Wörterliste arbeiten

sie hat gestohlen
**steigen**, es steigt,
es ist gestiegen
der **Stein**, die Steine
**stellen**, er stellt,
er hat gestellt
der **Stift**, die Stifte
**still**, stiller, am stillsten
die **Stimme**, die Stimmen
**stinken**, es stinkt,
es hat gestunken
der **Stock**, die Stöcke
**stöhnen**, sie stöhnt,
sie hat gestöhnt
**stoßen**, er stößt,
er hat gestoßen
der **Strand**, die Strände
die **Straße**, die Straßen
der **Strauch**, die Sträucher
der **Strauß**, die Sträuße
**streicheln**, sie streichelt,
sie hat gestreichelt
der **Streit**, die Streite
**stricken**, er strickt,
er hat gestrickt
**strohig**, strohiger,
am strohigsten
der **Stuhl**, die Stühle
**stumm**
**suchen**, er sucht,
er hat gesucht
**süß**, süßer, am süßesten

**T t**

die **Tafel**, die Tafeln
der **Tag**, die Tage
**täglich**
die **Tanne**, die Tannen
die **Tasse**, die Tassen
**taub**
der **Tausch**, die Tausche
der **Tee**, die Tees
der **Teller**, die Teller
**teuer**, teurer, am teuersten
**tief**, tiefer, am tiefsten
das **Tier**, die Tiere
der **Tiger**, die Tiger
der **Tisch**, die Tische
**toll**, toller, am tollsten
das **Tor**, die Tore
die **Torte**, die Torten
**tragen**, sie trägt,
sie hat getragen
die **Träne**, die Tränen
der **Traum**, die Träume
die **Traurigkeit**
**treffen**, er trifft,
er hat getroffen
**trennen**, sie trennt,
sie hat getrennt
die **Treppe**, die Treppen
**treten**, er tritt,
er hat getreten
**trinken**, sie trinkt,

sie hat getrunken
**trüb**, trüber, am trübsten
das **Tuch**, die Tücher
die **Tür**, die Türen
**türkis**

# U u

die **Übelkeit**
**üben**, sie übt,
sie hat geübt
die **Übung**, die Übungen
das **Ufo**, die Ufos
die **Uhr**, die Uhren
**um**
**und**
**ungefähr**
**unten**
**unter**
die **Unterhose**, die Unterhosen

# V v

der **Vampir**, die Vampire
die **Vase**, die Vasen
der **Vater**, die Väter
das **Veilchen**, die Veilchen
sich **verabreden**, er verabredet
sich, er hat sich verabredet
**verbessern**, sie verbessert,
sie hat verbessert

**verbieten**, er verbietet,
er hat verboten
das **Verbot**, die Verbote
**verdächtig**, verdächtiger,
am verdächtigsten
sich **verfahren**, sie verfährt sich,
sie hat sich verfahren
sich **verfliegen**, er verfliegt sich,
er hat sich verflogen
**vergeblich**
**vergessen**, sie vergisst,
sie hat vergessen
**verkaufen**, er verkauft,
er hat verkauft
der **Verkehr**
sich **verlaufen**, sie verläuft sich,
sie hat sich verlaufen
sich **verlesen**, er verliest sich,
er hat sich verlesen
sich **verletzen**, sie verletzt sich,
sie hat sich verletzt
sich **verlieben**, er verliebt sich,
er hat sich verliebt
**verpassen**, sie verpasst,
sie hat verpasst
sich **verspäten**, er verspätet sich,
er hat sich verspätet
sich **verstecken**, es versteckt sich,
es hat sich versteckt
der **Versuch**, die Versuche
**versuchen**, sie versucht,
sie hat versucht

Rechtschreibhilfen verwenden:
mit der Wörterliste arbeiten

verzeihen, sie verzeiht,
sie hat verziehen

das **Video**, die Videos

**viel**, mehr, am meisten

**vielleicht**

**vier**

der **Vogel**, die Vögel

**voll**, voller, am vollsten

**vom**

**von**

**vor**

**vorbereiten**, er bereitet vor,
er hat vorbereitet

**vorbei**

**vorfahren**, es fährt vor,
es ist vorgefahren

die **Vorfahrt**

**vorfliegen**, sie fliegt vor,
sie ist vorgeflogen

der **Vorhang**, die Vorhänge

**vorher**

**vorhin**

**vorlaufen**, er läuft vor,
er ist vorgelaufen

**vorlesen**, sie liest vor,
sie hat vorgelesen

der **Vormittag**, die Vormittage

**vorn**

**vorschlagen**, er schlägt vor,
er hat vorgeschlagen

**vorsichtig**, vorsichtiger,
am vorsichtigsten

der **Vortrag**, die Vorträge

**vorwärts**

der **Vulkan**, die Vulkane

# W w

die **Wahl**, die Wahlen

**wählen**, sie wählt,
sie hat gewählt

**während**

die **Wahrheit**, die Wahrheiten

der **Wal**, die Wale

der **Wald**, die Wälder

die **Wand**, die Wände

**wann**

**warm**, wärmer, am wärmsten

die **Wärme**

**warten**, es wartet,
es hat gewartet

die **Wäsche**, die Wäschen

das **Wasser**, die Wasser

**weben**, er webt,
er hat gewebt

**wecken**, sie weckt,
sie hat geweckt

der **Wecker**, die Wecker

der **Weg**, die Wege

**weggehen**, er geht weg,
er ist weggegangen

**weich**, weicher, am weichsten

**weiß**

**weit**, weiter, am weitesten

die **Welt**, die Welten

**wenn**

**werden**, es wird,
es ist geworden

**werfen**, er wirft,
er hat geworfen

**wichtig**, wichtiger,
am wichtigsten

**wieder**

**wiegen**, sie wiegt,
sie hat gewogen

die **Wiese**, die Wiesen

**wild**, wilder, am wildesten

der **Wind**, die Winde

**windig**, windiger,
am windigsten

**winken**, er winkt,
er hat gewinkt/gewunken

**wissen**, sie weiß,
sie hat gewusst

der **Witz**, die Witze

**witzig**, witziger, am witzigsten

**wohl**

**wohnen**, er wohnt,
er hat gewohnt

die **Wohnung**, die Wohnungen

**wollen**, sie will,
sie hat gewollt

**wühlen**, er wühlt,
er hat gewühlt

der **Würfel**, die Würfel

der **Wurm**, die Würmer

die **Wurst**, die Würste

die **Wurzel**, die Wurzel

die **Wut**

## Y y

der **Yak**, die Yaks

der **Yeti**, die Yetis

das **Yoga**

## Z z

die **Zahl**, die Zahlen

**zählen**, es zählt,
es hat gezählt

**zahm**, zahmer, am zahmsten

der **Zahn**, die Zähne

der **Zaun**, die Zäune

der **Zeh**, die Zehen

das **Zelt**, die Zelte

**ziehen**, sie zieht,
sie hat gezogen

die **Zitrone**, die Zitronen

**zucken**, er zuckt,
er hat gezuckt

die **Zufriedenheit**

der **Zug**, die Züge

**zuletzt**

**zum**

der **Zweig**, die Zweige

der **Zwerg**, die Zwerge

**zwischen**

Rechtschreibhilfen verwenden:
mit der Wörterliste arbeiten

## Murmelrunde 💬

 1. Ich denke über eine Aufgabe nach.

 2. Ich tausche mich leise
mit einem anderen Kind aus.

## Ich – Du – Wir △

 1. Ich denke über eine Aufgabe nach.

 2. Ich tausche mich mit einem
anderen Kind aus.

 3. Wir sprechen in der Gruppe
über unsere Ergebnisse und ergänzen.

 4. Ich arbeite mit den Ideen weiter.

## Texte unter die Lupe nehmen 🔍

1. Ich lese meinen Text laut und deutlich vor. Die anderen Kinder hören mir aufmerksam zu. Wir achten auf die Gesprächsregeln.

**Checkliste**
– sinnvolle Reihenfolge

2. Wir nehmen den Text unter die Lupe. Dazu nutzen wir Karis Checkliste.

3. Ich überarbeite meinen Text.

## Texte überarbeiten

So kann ich Texte überarbeiten:

Alex geht zum Sportplatz.
Er
A̶l̶e̶x̶ spielt heute Fußball.

- **Ersetzen**
  Ich ersetze Wörter, um Wortwiederholungen zu vermeiden.

Alex spielt <u>heute</u> Fußball.
<u>Heute</u> spielt Alex Fußball.

- **Umstellen**
  Ich stelle Sätze um.

Alex spielt heute Fußball.
Alex ist glücklich,
weil er heute Fußball spielt.

- **Ergänzen**
  Ich ergänze passende Wörter, Gefühle oder Redewendungen.

Arbeitstechniken kennen: Texte auf Richtigkeit überprüfen (kooperative Lernform); Texte überarbeiten

# Rückmeldung geben

1. Ich bin höflich und lobe.
   Ich begründe meine Meinung.

Ich finde deine Geschichte toll, weil ich Kino im Kopf hatte.

2. Ich sage, was mir aufgefallen ist.
   Ich gebe Tipps zur Verbesserung.

Ich gebe dir den Tipp, verschiedene Satzanfänge zu nutzen.

# Über gemeinsames Lernen sprechen

Wir schätzen unsere Arbeit ein:

• Wir sagen, was gut geklappt hat.

Wir haben uns gegenseitig geholfen.

• Wir sagen, was wir verbessern können und was wir uns vornehmen.

Nächstes Mal wollen wir ...

# Lernen mit Kari und Bu

## Texte präsentieren

| | Ich kann meinen Text ... |
|---|---|
|  | • ... mit dem Computer schreiben. |
|  | • ... lesbar auf ein besonderes Blatt schreiben. |
|  | • ... lesbar in mein Geschichtenheft schreiben. |
|  | • ... vorlesen und aufnehmen. |
|  | • ... mit Bildern gestalten. |
|  | • ... darstellen und aufnehmen. |

## Portfolio

| | |
|---|---|
|  | 1. Am Ende eines Kapitels überlege ich:<br>• Was kann ich gut?<br>• Was möchte ich noch üben? |
|  | 2. Ich spreche mit meiner Lehrerin oder mit meinem Lehrer. |
|  | 3. Ich entscheide, was ich in meinem Portfolio sammele. |

Texte präsentieren: einen Text für die Veröffentlichung aufbereiten;
über Lernen sprechen: über Lernerfahrungen sprechen,
reflektieren

# Ein Rechtschreibgespräch führen

Wir schwingen das Wort.
Was sehen wir? Was hören wir?
Welche Strategie passt?

- **Mitsprechen**

  Ich schwinge das Wort:
  Rehe.

- **Weiterschwingen**

  Ich schwinge weiter:
  Betten, also Bett mit **tt**.

Traum

- **Ableiten**

  Ich leite ab:
  Traum, also träumt mit **äu**.

- **Merken** M

  Ich höre **F**,
  ich schreibe **V**:
  Vogel.

- **Großschreiben**

  Nomen schreibe ich groß: Katze.
  Satzanfänge schreibe ich groß:
  Die Katze schläft.

- **Wortbausteine**

  | auf | **schreib** | en | **Schreib** | tisch |
  | Ver | **schmutz** | ung | **schmutz** | ig |

# Lernen mit Kari und Bu

## Forschen mit Kari und Bu – Grundwortschatz

**1.** Ich lese das Wort halblaut und schwinge.

liegen

Die Strategien stehen vorn im Heft.

**2.** Ich markiere die Aufpass-Stellen.

spielen    Bett    träumt    Rose

schmutzig

**3.** Wir führen ein Rechtschreibgespräch:
Wir erklären die Aufpass-Stellen.
Die Strategien helfen uns.

**4.** Manche Aufpass-Stellen können wir nicht erklären.
Diese Aufpass-Stellen merken wir uns. Ⓜ

Zahn   Bär   davor   Mai   Tiger

**5.** Ich übe die Wörter.

Arbeitstechniken kennen: Rechtschreibgespräch führen
(kooperative Lernform); Rechtschreibstrategien kennen

# Wendediktat

1. Ich lese die Wörter genau.
   Ich merke mir einige Wörter.
   Ich achte auf die Aufpass-Stellen.

2. Ich drehe das Blatt um.

3. Ich schreibe die Wörter auf.
   Ich spreche dabei genau mit.

4. Zum Schluss vergleiche ich
   meine Wörter mit der Vorlage.
   Ich verbessere Fehler.

# Partnerdiktat

1. Ich diktiere langsam.
   Ich beobachte das andere Kind
   beim Schreiben.

2. Das andere Kind schreibt und
   spricht leise mit.

3. Bei einem Fehler sage ich:
   „Stopp!"

4. Wir sprechen über den Fehler
   und verbessern.

# Lernen mit Kari und Bu

## Wörter nachschlagen

**Wald** beginnt mit **W**.

**W** steht hinten im Abc. Ich schaue am Ende der Wörterliste.

1. Mit welchem Buchstaben beginnt das Wort?
2. Wo steht der Buchstabe im Abc? Ich finde ihn am Anfang, in der Mitte oder am Ende der Wörterliste.

---

**der, die** oder **das** Wald?

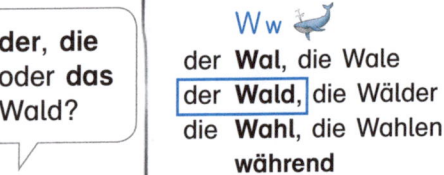

W w
der **Wal**, die Wale
der **Wald,** die Wälder
die **Wahl**, die Wahlen
**während**

- **Artikel**
Ich suche das Nomen in der Wörterliste.
Der Artikel steht dort vor dem Nomen.

---

der Wald, die **?**

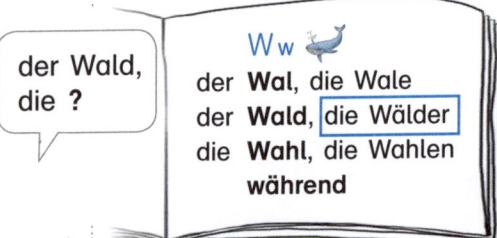

W w
der **Wal**, die Wale
der **Wald,** die Wälder
die **Wahl**, die Wahlen
**während**

- **Mehrzahl**
Ich suche das Nomen in der Wörterliste.
Die Mehrzahl steht hinter dem Nomen.

---

**es färt** oder **es fährt?**

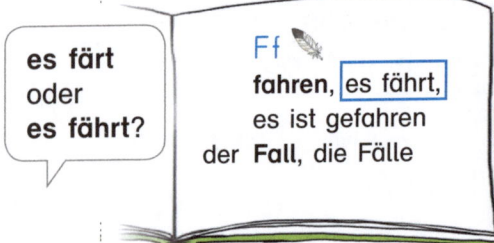

F f
**fahren,** es fährt,
es ist gefahren
der **Fall**, die Fälle

- **Verb**
Ich suche die Grundform (Wir-Form) in der Wörterliste.
Die Personalform steht hinter der Grundform.

---

Mit **W** oder **V**?

V v
der **Vampir**, die Vampire
die **Vase,** die Vasen
der **Vater**, die Väter

- **Merkwort**
Ich schlage nach.
Finde ich das Wort nicht, überlege ich, mit welchem anderen Buchstaben es beginnen könnte.

---

## Wörter üben

- Ich sammele meine Wörter in einer Schachtel oder in einem besonderen Heft. Ich übe sie oft.

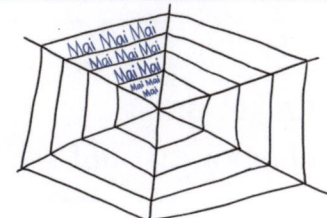

- Ich schreibe die Wörter in ein Spinnennetz.

**ohne**

**Mai** **Käfer**

**sehr**

- Ich schreibe die Wörter in verschiedenen Farben und Formen.

3: Mai
4: ohne, sehr
5: Käfer

- Ich ordne die Wörter nach der Anzahl der Buchstaben.

Im Mai sehe ich sehr viele Käfer.
Ich kann ohne Kari und Bu nicht gut lernen.

- Ich schreibe Sätze mit den Wörtern.

Käfer
Mai
ohne
sehr

- Ich ordne die Wörter nach dem Abc.

Käfer
Käfig
Käse

- Bei gleichen Buchstaben ordne ich nach dem nächsten Buchstaben.

# Lernen mit Kari und Bu

| | |
|---|---|
| der Käfig – ein Käfig<br>die Uhr – eine Uhr<br>das Kino – ein Kino | **Nomen** schreibe ich<br>mit dem bestimmten Artikel und<br>mit dem unbestimmten Artikel auf. |
| der Käfig – die Käfige<br>die Uhr – die Uhren<br>das Kino – die Kinos | **Nomen** schreibe ich in der Einzahl<br>und in der Mehrzahl auf. |
| der runde Käfig<br>die neue Uhr<br>das große Kino | **Nomen** schreibe ich<br>mit dem bestimmten Artikel und<br>mit einem Adjektiv (Schiebewort) auf. |
| rennen:<br>**ich** renne, **du** rennst,<br>**er / sie / es** rennt,<br>**wir** rennen, **ihr** rennt,<br>**sie** rennen<br>**ich** bin gerannt,<br>**du** bist … | **Verben** schreibe ich<br>in verschiedenen Personalformen<br>und Zeitformen auf. |
| mein **netter** Freund –<br>**Wie** ist mein Freund?<br>Mein Freund ist **nett**. | Mit **Adjektiven** beschreibe ich,<br>**wie** jemand oder etwas ist. |
| Ich bin **klein**.<br>Kari ist **kleiner**.<br>Bu ist **am kleinsten**.<br><br>Bu ist **kleiner** als Kari.<br>Ich bin so **klein** wie Ole. | Mit **Adjektiven** kann ich vergleichen. |

Rechtschreibstrategien anwenden: Merken

# Hefteintrag

| | |
|---|---|
| Seite 5  Nr. 3      1.9.25 | 1. Ich schreibe Seite, Nummer und Datum über meine Aufgabe. |
| Seite 5  Nr. 3      1.9.25<br>Liebe Kinder, | 2. Ich beginne am Zeilenanfang. |
| Liebe Kinder,<br>wir sind auf der klei-<br>nen Insel Karula. | 3. Ich schreibe sauber und lesbar in die Schreibzeile. Ich beachte das Zeilenende. Wenn das Wort nicht passt, trenne ich es. |

# Abschreiben

| | |
|---|---|
|  | 1. Ich lese in Silben.<br>Ich merke mir dabei Aufpass-Stellen. |
| | 2. Ich verdecke das Wort oder einen Teil des Satzes. |
|  | 3. Ich schreibe und spreche dabei in Silben mit. |
|  | 4. Ich überprüfe genau. Wenn ich Fehler finde, streiche ich das Wort durch und schreibe es noch einmal. |

## Laute, Buchstaben und Silben

Das Abc heißt auch **Alphabet**.

**A/a  E/e  I/i  O/o  U/u** sind **Vokale** (Selbstlaute).

**Ä/ä  Ö/ö  Ü/ü** sind **Umlaute**.

**Au/au  Ei/ei  Eu/eu  Äu/äu** sind **Zwielaute**.

Umlaute und Zwielaute sind auch **Vokale**.
Alle anderen Buchstaben im Abc heißen
**Konsonanten** (Mitlaute).

Wal  Eimer  Tomate

Du kannst Wörter in **Silben** sprechen.
In jeder Silbe ist **ein** Vokal.

Es gibt **offene** und **geschlossene Silben**.

Eule  Auto  Eimer
malen  lesen  toben

Du schwingst das Wort.
Am Ende der Silbe steht ein Vokal:
Die Silbe ist **offen**. Der Vokal ist lang.

Palme  Tochter
rechnen  melden

Du schwingst das Wort.
Am Ende der Silbe steht ein Konsonant:
Die Silbe ist **geschlossen**. Der Vokal ist kurz.

Silben helfen dir, **Doppelkonsonanten**
zu erkennen.

Nüsse  Mutter
Waffel  fallen
backen  putzen

Du schwingst das Wort. Die erste Silbe
ist geschlossen. Du hörst
den Konsonanten in beiden Silben.

# Wortarten

## Nomen (Substantiv)

Kind, Eule, Rose, Dose — Wörter für Menschen, Tiere, Pflanzen und Dinge heißen **Nomen**.

Angst, Wut
Winter, Januar,
Montag — Nomen sind auch Wörter für Gefühle, Gedanken und Jahreszeiten, Monate und Wochentage. Nomen schreibst du **groß**.

So erkennst du ein Nomen:

der Wal – die Wale — Du kannst meistens die **Einzahl** und die **Mehrzahl** bilden.

**der** Wal, **die** Angst — Du kannst **Artikel** vor das Nomen setzen.

der **kleine** Wal
die **große** Angst — Zwischen Artikel und Nomen passt ein **Adjektiv** (Schiebewort).

Gesundheit,
Sauberkeit, Wohnung — Manche Nomen haben einen **Wortbaustein** heit, keit oder ung am Wortende.

Das **Lesen** finde ich toll. — **Verben** in der Grundform können im Satz als **Nomen** verwendet werden. Oft steht ein **Artikel** davor.

## Zusammengesetzte Nomen

das Obst +
**der** Kuchen
= **der** Obstkuchen — Zusammengesetzte Nomen bestehen aus einem **Bestimmungswort** und einem **Grundwort**. Das Bestimmungswort beschreibt das Grundwort genauer. Das Grundwort steht immer hinten. Es bestimmt den **Artikel**.

## Artikel

der Ärger – ein Ärger
die Idee – eine Idee
das Glück – ein Glück

**Artikel** (Begleiter) können
vor einem Nomen stehen.

- **bestimmte Artikel:** der, die, das
- **unbestimmte Artikel:** ein, eine

## Personalpronomen

der Junge – **er**
die Katze – **sie**
das Mädchen – **es**

Nomen kannst du durch
**Personalpronomen** ersetzen.

## Verb

> Ich schreibe.
> Du schreibst.

> Wir schreiben.

Verben drücken aus, **was jemand
tut** oder **was geschieht**.

<u>So erkennst du ein Verb:</u>
Verben verändern sich im Satz.
Sie stehen in verschiedenen
**Personalformen**.
Es kommt darauf an,
**wer** etwas tut.

schreib | e
st
t
en

Die **Grundform** eines Verbs ist
wie das Verb in der Wir-Form.

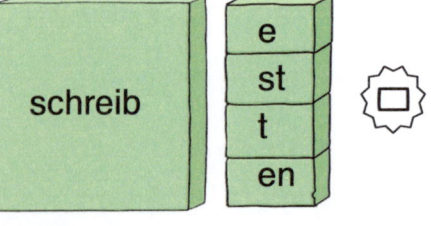

helfen:
Ich helfe Bu.
Kari hilft mir.

Ein Verb hat einen **Wortstamm**
und eine **Endung**.
Bei **unregelmäßigen** Verben
ändert sich der Wortstamm.

ver|schreiben
ab|schreiben
Ich ver|schreibe mich.
Ich schreibe den Text ab|.

Verben können **vorangestellte Wortbausteine** haben. Sie verändern die Bedeutung des Verbs.
Viele Wortbausteine trennen sich im Satz vom Verb.

ich **kaufe**
ich **springe**

Ein Verb kann in verschiedenen **Zeitformen** stehen.
Das **Präsens** (Gegenwartsform) zeigt, dass etwas **jetzt** oder **immer** passiert.

ich **habe gekauft**
ich **bin gesprungen**

Das **Perfekt** (Vergangenheit) zeigt, dass etwas **vorbei** ist.
Das **Perfekt** wird mit den Hilfsverben **haben** oder **sein** gebildet.

---

**Adjektiv**

Wie ist Kari?
Kari ist **groß**.

Adjektive sagen, **wie** etwas oder jemand ist.

der **große** Kari
der **kleine** Bu

So erkennst du ein Adjektiv:
Mit Adjektiven kannst du etwas oder jemanden **genauer beschreiben**.

**groß – klein**

Viele Adjektive haben einen **Gegensatz**.

witz|ig|, freund|lich|

Manche Adjektive haben am Ende einen **Wortbaustein** ig| oder lich|.

Bu ist **groß**.
Kari ist **größer**.
Ich bin **am größten**.

Die meisten Adjektive kannst du **steigern**:
Sie haben eine **Grundform**,
die **1. Vergleichsstufe** (Mehrstufe)
und die **2. Vergleichsstufe** (Meiststufe).

# Fachwörter

vor

auf

neben

unter

**Präposition**

Präpositionen beschreiben, ...

- **wo** etwas oder jemand ist.
- **wohin** sich etwas oder jemand bewegt.

Wir fahren zur Schule.
Du fährst zur Schule.
Ole ist zur Schule gefahren.

FAHR: fahren, Fähre

**Wortfamilie**

Wörter mit demselben Wortstamm gehören zu einer **Wortfamilie**.

Der Wortstamm ist ein **Wortbaustein**. Manchmal ändert sich der Wortstamm.

Wortfeld **gehen**

gehen

schleichen

rennen

wandern

**Wortfeld**

Wörter, die eine ähnliche Bedeutung haben, gehören zu einem **Wortfeld**.

Wörter aus einem Wortfeld helfen dir, einen spannenden Text zu schreiben.

Mit Wörtern aus einem Wortfeld kannst du etwas genauer beschreiben.

## Satz

Mit Wörtern kannst du
einen **Satz** bilden.
Den Satzanfang schreibst
du **groß**.

Es gibt verschiedene **Satzarten**
und **Satzschlusszeichen**:

Dort ist ein Käfer.

Am Ende eines **Aussagesatzes**
steht ein **Punkt**.

Wo sitzt er?

Am Ende eines **Fragesatzes**
steht ein **Fragezeichen**.

Dort drüben!
Pass auf!

Am Ende eines **Ausrufesatzes**
oder **Aufforderungssatzes** steht
ein **Ausrufezeichen**.

## Wörtliche Rede

Höre gut zu!

Im Redebegleitsatz steht,
**wer** spricht und
**wie** gesprochen wird.

Nach dem Redebegleitsatz
steht ein **Doppelpunkt** : .

Bu ruft : „Höre gut zu!"

In der wörtlichen Rede steht,
**was** jemand sagt.
Sie steht zwischen
**Anführungszeichen** „ ".

| | **Satzglied** |
|---|---|
| \| Kari \| malt \| zu Hause \|. | Ein Satz besteht aus Satzgliedern. Ein Satzglied kann aus einem Wort oder mehreren Wörtern bestehen. |
| \| Zu Hause \| malt \| Kari \|. | Satzglieder kannst du **umstellen**. Mithilfe der **Umstellprobe** kannst du Satzglieder erkennen. |

| | **Prädikat** |
|---|---|
| Kari **malt** zu Hause.<br><br>**Malt** Kari zu Hause? | In jedem Satz gibt es ein **Prädikat**. Das Prädikat ist ein **Verb**. Im **Fragesatz** ist das Prädikat das **erste Satzglied**. |
| Kari hat alles geschrieben.<br>Kari schreibt alles ab.<br>Schreibt Kari alles ab? | Das Prädikat kann aus **zwei Teilen** bestehen. Im Fragesatz steht ein Teil des Prädikats vorn. Der zweite Teil steht meistens hinten. |

| | **Subjekt** |
|---|---|
| Kari malt ein Bild. <br>**Wer** malt? – Kari | Mit den Fragewörtern **Wer/Was?** und dem **Prädikat** findest du das **Subjekt**. |

| | **Ortsangabe** |
|---|---|
| Bu sitzt auf dem Tisch.<br>**Wo** sitzt Bu? –<br>auf dem Tisch | Mit den Fragewörtern **Wo? Woher? Wohin?** findest du die **Ortsangabe**. |

| | **Zeitangabe** |
|---|---|
| Bu schläft am Abend.<br>**Wann** schläft Bu? –<br>am Abend | Mit den Fragewörtern **Wann? Seit wann? Wie lange?** findest du die **Zeitangabe**. |

## Mein Kari-Heft 3

**Erarbeitet von**

Elena Bader, Astrid Eichmeyer, Andrea Warnecke, Sabine Willmeroth

**Auf Grundlage von**

Karibu Sprachbuch 3 und Karibu Übungsheft 3 (Ausgabe 2024),

erarbeitet von Astrid Eichmeyer, Katja Eisenzapf, Hannah Grönert,

Steffi Lang, Andrea Warnecke, Sabine Willmeroth

## Bildquellenverzeichnis

|Ciecimirski, Michael, Braunschweig: 21.2, 21.4, 32.2, 32.3. |Doering, Svenja, Köln: Titel, Titel, Titel, Titel, 1.1, 20.2, 20.3, 24.1, 24.2, 24.3, 26.1, 26.2, 28.1, 29.1, 29.2, 29.3, 29.4, 30.1, 30.2, 30.3, 30.4, 31.1, 31.2, 31.3, 32.1, 32.4, 33.1, 33.2, 33.3, 33.4, 34.1, 34.2, 34.3, 34.4, 34.5, 34.6, 34.7, 34.8, 34.9, 35.1, 35.2, 36.1, 36.2, 36.3. |Reimers, Silke, Mainz: 2.1, 2.2, 2.3, 3.1, 3.2, 3.3, 4.1, 4.2, 4.3, 5.1, 6.1, 7.1, 7.2, 7.3, 7.4, 9.1, 10.1, 10.2, 11.1, 11.2, 11.3, 11.4, 11.5, 12.1, 15.1, 16.1, 16.2, 16.3, 16.4, 17.1, 18.1, 18.2, 19.1, 19.2, 19.3, 19.4, 19.5, 19.6, 20.1, 20.4, 20.5, 20.6, 20.7, 20.8, 21.1, 21.3, 21.5, 21.6, 21.7, 22.1, 22.2, 22.3, 22.4, 22.5, 22.6, 22.7, 22.8, 22.9, 23.1, 23.2, 23.3, 23.4, 23.5, 23.6, 23.7, 25.1, 25.2, 25.3, 25.4, 25.5, 25.6, 25.7, 25.8, 26.3, 26.4, 26.5, 26.6, 26.7, 26.8, 26.9, 26.10, 26.11, 26.12, 27.1, 27.2.

Druck A² / Jahr 2024
Alle Drucke der Serie A sind im Unterricht parallel verwendbar.

Redaktion: Laura Hildebrandt
Umschlaggestaltung: Anette Forsch, Berlin; Schriftzug: Godewind, Hamburg; Illustration: Svenja Doering
Layout: Godewind, Hamburg; Visuelle Lebensfreude, Hannover
Satz und technische Umsetzung: Visuelle Lebensfreude, Hannover
Druck und Bindung: Westermann Druck GmbH, Georg-Westermann-Allee 66, 38104 Braunschweig

ISBN 978-3-14-129403-3

6.990.108

passt zu Verbrauch

## Verstehend zuhören

**1** Erzähle.

Im Kletterwald braucht man einen Helm.

**Vor dem Zuhören:**
- Ich überlege, was ich schon zum Thema weiß.
- Ich stelle mich auf das Zuhören ein.
- Ich schaue den Sprecher/ die Sprecherin an.

Im Kletterwald ...

**Während des Zuhörens:**
- Ich denke mit.
- Ich mache mir Notizen (Stichworte).
- Ich schaue den Sprecher/ die Sprecherin an.

Warum ...?

Du hast deutlich gesprochen.

**Nach dem Zuhören:**
- Ich denke über das Gehörte nach.
- Ich stelle Fragen.
- Ich gebe Rückmeldung.

**2** Wie hören die Kinder in **1** zu? Beschreibt. 〇

S. 19

**3** Erzählt euch von einem Ausflug. Beachtet die Zuhörregeln aus **1**.

Wenn du genau zuhörst, kannst du passende Fragen stellen.

**4** Worauf achtest du beim Zuhören? Erzähle.

### Nomen kennen

S. 19 **1** Wie erkennst du ein Nomen? Erkläre. △

**2** Welche Wörter sind Nomen? Unterstreiche. Begründet. ⌒

| SPRICHT | KIND | TAFEL | PONY | ROSE |
|---------|------|-------|------|------|
| HUND | BRILLE | TANNE | FREUND | BUNT |
| ONKEL | KAKTUS | KATZE | ZWISCHEN | TISCH |

S. 26 **3** Ordne die Nomen aus **2** den Oberbegriffen zu.
Schreibe sie mit bestimmten Artikeln auf. Prüfe mit der Wörterliste. 📖

Menschen:  das Kind,

Tiere:

Pflanzen:

Dinge:

**4** Schreibe die Nomen aus **3** mit dem Schiebewort **kleine** auf.

das kleine Kind,

**Sprache untersuchen**    sprachliche Begriffe kennen und anwenden: Nomen (Substantiv)    • SAH Fö, S. 10
kennen; Rechtschreibstrategien anwenden: Nomen großschreiben    • ÜH FO, S. 4

10

## Nomen kennen

**1** Kreise Einzahl und Mehrzahl farbig ein.

| | | | |
|---|---|---|---|
| die Gabel | das Kind | das Auto | der Hund |
| die Schere | die Frau | die Kinder | die Autos |
| die Gabeln | die Scheren | die Frauen | die Hunde |

**2** Schreibe die Nomen aus **1** in die Tabelle.
Was ändert sich in der Mehrzahl? Markiere.

| Einzahl | Mehrzahl |
|---|---|
| die Gabel | die Gabeln |
| | |
| | |
| | |
| | |
| | |

**3** Schreibe die Nomen in der Mehrzahl. Prüfe. S. 26
Was ändert sich in der Mehrzahl? Markiere.

S. 26

das Buch    die Bücher      das Glas

der Bruder                 die Maus

die Bank                der Korb

**4** Finde Nomen, die in Einzahl und Mehrzahl gleich sind.

• SAH Fö, S. 11
• ÜH FO, S. 4

sprachliche Begriffe kennen und anwenden: Nomen (Substantiv) kennen; Einzahl (Singular) und Mehrzahl (Plural) kennen; Rechtschreibstrategien anwenden: Nomen großschreiben

Sprache untersuchen

**11**

## Abstrakte Nomen kennen

**(1)** Schreibt Oberbegriffe zu den Nomen.

| | | |
|---|---|---|
| der Montag | die Liebe | der Herbst |
| der Mittwoch | der Hunger | der Sommer |
| der Sonntag | die Wut | der Winter |

**Nomen** (Substantive) sind zum Beispiel auch Wörter für **Gefühle**, **Gedanken**, **Jahreszeiten** oder **Wochentage**:
die Liebe, der Einfall, der Herbst, der Montag.

Nutze die Schiebewortprobe mit einem Adjektiv

schöne

**(2)** Welche Wörter sind Nomen? Unterstreicht.

| IDEE | BELLT | LUSTIG | STARK | SAMSTAG |
|---|---|---|---|---|
| SPIELT | FREUDE | HITZE | KALT | FRÜHLING |
| WITZ | FÄNGT | MAI | HART | ANTWORT |

**(3)** Schreibe die Nomen aus **(2)** mit Artikel und einem Schiebewort auf.

die schöne Idee,

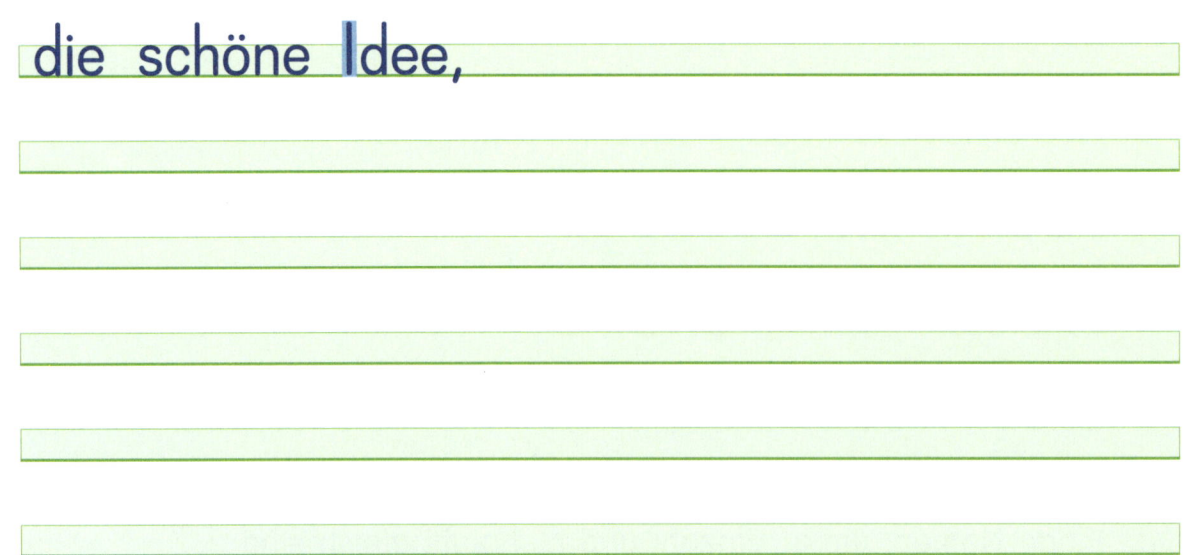

Sprache untersuchen    sprachliche Begriffe kennen und anwenden: abstrakte Nomen (Substantive) kennen; Rechtschreibstrategien anwenden: Nomen großschreiben    • SAH Fö, S. 12  • ÜH FO, S. 5

## Abstrakte Nomen kennen

**(1)** Ordne die Nomen den Oberbegriffen zu.

| | | | | | | |
|---|---|---|---|---|---|---|
| Lehrerin | Tablet | Mütze | Mut | Freitag | März | Gras |
| Känguru | Kind | Tanne | Katze | Knospe | Angst | Eule |
| Montag | Glück | Samstag | Juni | Becher | Freundin | Januar |
| Tante | Baum | Ameise | Regal | Ärger | Mittwoch | April |

Menschen: Lehrerin,

Tiere:

Pflanzen:

Dinge:

Gefühle:

Monate:

Wochentage:

**(2)** Schreibe Sätze mit Nomen zu Gefühlen aus **(1)**.

**(3)** Unterstreiche die Nomen. Schreibe die Sätze richtig auf.

IN DER PAUSE GIBT ES STREIT. DIE KINDER BRAUCHEN HILFE.

AM FREITAG GEHEN SIE ZUR STREITSCHLICHTUNG.

• SAH Fö, S. 13
• ÜH FO, S. 5

sprachliche Begriffe kennen und anwenden: abstrakte Nomen (Substantive) kennen; Rechtschreibstrategien anwenden: Nomen großschreiben

Sprache untersuchen

13

## Nomen mit heit, keit, ung kennen und bilden

**1** Was fällt euch auf? Erzählt.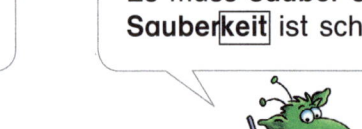

> Ich möchte **frei** sein.
> **Freiheit** ist wichtig.

> Es muss **sauber** sein.
> **Sauberkeit** ist schön.

> Wir **wohnen** im Talweg.
> Die **Wohnung** ist hell.

Wörter mit den Wortbausteinen **heit**, **keit** oder **ung** sind **Nomen**. Sie werden großgeschrieben: die Freiheit, die Sauberkeit, die Wohnung.

**2** Verbinde die Wortpaare. Markiere die Wortbausteine heit und keit.

| frei | Gesundheit |
| dunkel | Dummheit |
| gesund | Freiheit |
| dumm | Dunkelheit |

| häufig | Sparsamkeit |
| flüssig | Möglichkeit |
| möglich | Häufigkeit |
| sparsam | Flüssigkeit |

**3** Verbinde die Wortpaare. Markiere den Wortbaustein ung.

| halten | lesen | bestellen | dichten | rechnen |

| Bestellung | Haltung | Lesung | Rechnung | Dichtung |

**4** Aus welchen Wortarten bildet man die Nomen in **2** und **3**? Erkläre.

Sprache untersuchen   sprachliche Strukturen kennen und anwenden: Wortbausteine
-ung, -heit, -keit kennen, Möglichkeiten der Wortbildung kennen;
Rechtschreibstrategien anwenden: Nomen großschreiben

• SAH Fö, S. 14
• ÜH FO, S. 6

# Nomen mit heit, keit, ung kennen und bilden

**1** Bilde Nomen mit dem Wortbaustein heit.

| ~~sicher~~ | krank | zufrieden | faul | klug | wahr |
|---|---|---|---|---|---|

die Sicherheit,

> Nomen mit heit, keit und ung haben immer den Artikel **die**.

**2** Bilde Nomen mit dem Wortbaustein keit.

| ~~freundlich~~ | höflich | gemeinsam | traurig | einsam | übel |
|---|---|---|---|---|---|

die Freundlichkeit,

**3** Bilde Nomen mit dem Wortbaustein ung.

| ~~einladen~~ | heizen | melden | meinen |
|---|---|---|---|
| üben | ordnen | erklären | öffnen |

die Einladung,

**4** Finde weitere Nomen mit den Wortbausteinen heit, keit und ung.

• SAH Fö, S. 15
• ÜH FO, S. 6

sprachliche Strukturen kennen und anwenden: Wortbausteine
-ung, -heit, -keit kennen, Möglichkeiten der Wortbildung kennen;
Rechtschreibstrategien anwenden: Nomen großschreiben

**Sprache untersuchen**

15

## Zusammengesetzte Nomen kennen

① Erzähle.

Ein Stück Kuchen, bitte.

Welchen Kuchen möchtest du?

② Bilde zusammengesetzte Nomen. Schreibe sie mit Artikel auf.
Was fällt dir auf? Erzähle.

| | |
|---|---|
| der Apfel + der Kuchen = | |
| die Nuss + der Kuchen = | |
| das Obst + der Kuchen = | |

**Zusammengesetzte Nomen** bestehen aus einem **Bestimmungswort** und einem **Grundwort**. Das Bestimmungswort beschreibt das Grundwort genauer. Das Grundwort steht hinten. Es bestimmt den **Artikel**: das Obst + der Kuchen = der Obstkuchen.

Bestimmungswort    Grundwort

③ Bilde zusammengesetzte Nomen. Unterstreiche.

| | |
|---|---|
| der Vogel + das Nest = | das Vogelnest |
| der Spiegel + das Ei = | |
| das Fenster + die Bank = | |
| das Haus + die Tür = | |
| die Hand + der Ball = | |

Sprache untersuchen    sprachliche Begriffe und Strukturen kennen und anwenden: zusammengesetzte Nomen (Substantive) kennen; Grund- und Bestimmungswort kennen, Möglichkeiten der Wortbildung kennen    • SAH Fö, S. 16    • ÜH FO, S. 7

## Zusammengesetzte Nomen kennen

S. 26

**1** Unterstreiche das <u>Bestimmungswort</u> und das <u>Grundwort</u>.
Zerlege die zusammengesetzten Nomen.
Schreibe sie mit bestimmten Artikeln auf. Prüfe.

der <u>Feder</u>|ball    =    die Feder    +    der Ball

das Gartenhaus    =    _____    +    _____

der Milchreis    =    _____    +    _____

die Saftflasche    =    _____    +    _____

das Stuhlbein    =    _____    +    _____

der Wäschekorb    =    _____    +    _____

**2** Schreibe die zusammengesetzten Nomen mit bestimmten Artikeln auf.

S. 26

| Obst   Laub   Nuss | + Baum |
|---|---|

der Obstbaum

_____

_____

| Käse   Butter   Wurst | + Brot |
|---|---|

_____

_____

_____

**3** Unterstreiche das <u>Grundwort</u>. Schreibe den bestimmten Artikel auf.

S. 26

<u>der</u> Füller<u>deckel</u>     ___ Windhund     ___ Haustier

___ Blumenerde     ___ Regalbrett     ___ Buchseite

___ Zahnbürste     ___ Ohrring     ___ Teetasse

___ Regenschirm     ___ Zeltplatz     ___ Brotdose

• SAH Fö, S. 17
• ÜH FO, S. 7

sprachliche Begriffe und Strukturen kennen und anwenden:
zusammengesetzte Nomen (Substantive) kennen; Grund- und
Bestimmungswort kennen, Möglichkeiten der Wortbildung kennen

Sprache untersuchen

**17**

## Wörter mit silbentrennendem h mitsprechen

① Erzähle.

> Schwinge: Kühe.
> So hörst du das **h** zu Beginn der zweiten Silbe.

② Schwinge die Wörter. Markiere **h**.

| Kühe | Rehe | Schuhe | Reihe | Zehen | Flöhe |
|------|------|--------|-------|-------|-------|
| sehen | gehen | ziehen | drehen | glühen | stehen |

Das **silbentrennende h** steht oft zu Beginn der zweiten Silbe. Genaues Mitsprechen in Silben hilft dir: Kühe, sehen.

③ Schwinge die Verben. Setze ein.

Wir ___sehen___ am Himmel die Wolken.

Auf der Wiese _____ viele Blumen.

Die Landwirte _____ das Gras.

Die Fahnen _____ im Wind.

Die Pferde _____ die Kutsche.

Die Tiere _____ vor dem Feuer.

blühen

wehen

ziehen

~~sehen~~

mähen

fliehen

**Richtig schreiben**

rechtschriftliche Kenntnisse anwenden: Wörter mit silbentrennendem h schreiben; Rechtschreibstrategien anwenden: Mitsprechen

• SAH Fö, S. 18

18

# Wörter mit silbentrennendem h weiterschwingen

**1** Erzähle.

Warum schreibe ich **geht** mit **h**?

Schwinge weiter: wir ge~hen, also ge~**h**t mit **h**.

Der Wortstamm bleibt meist gleich: geh|en – er geh|t.

**2** Schwinge die Verben weiter.

sie blü**h**t   _wir blühen_     sie leiht   _____

er kräht   _____     sie steht   _____

er droht   _____     er flieht   _____

**3** Schwinge die Wörter weiter. Setze ein.

Ku**h**:   Die _Kühe_ _____ sind auf der Weide.

Reh:   Am Waldrand sind _____ .

steht:   Sie _____ ganz ruhig da.

dreht:   Plötzlich _____ sich die Tiere um.

geht:   Sie _____ zurück in den Wald.

froh:   Mit einem _____ Lächeln wandere ich weiter.

**4** Erkläre die Schreibung dieser Wörter.

| Gehweg | Glühbirne | Stehlampe | Drehstuhl |

• SAH Fö, S. 19
• ÜH FO, S. 8

rechtschriftliche Kenntnisse anwenden: Wörter mit silbentrennendem h schreiben; Rechtschreibstrategien anwenden: Weiterschwingen

Richtig schreiben

19

## Wörter mit vokalisiertem r schreiben

**1** Markiert **r**. Was fällt euch auf? Erzählt.

| | | | | | |
|---|---|---|---|---|---|
| Flu**r** | Papier | Schnur | Tier | Tor | Tür |

**2** Schwingt die Nomen aus **1** in Einzahl und Mehrzahl.
Was fällt euch auf? Erklärt.

**3** Schwingt die Wörter. Markiert **r**.
Was fällt euch auf? Erzählt.

Guake?

| | | | | | |
|---|---|---|---|---|---|
| Gu**r**ke | Erde | Birne | Körper | Kirsche | Würfel |
| Wurzel | Torte | lernen | merken | turnen | morgen |
| Zwerge | Kirche | Sorge | werfen | dürfen | Würmer |

**4** Lest die Wörter. Was fällt euch auf? Erzählt.

| | | | |
|---|---|---|---|
| Bart | Harke | Garten | Farbe |
| Arm | Marke | tarnen | hart |
| Start | schwarz | warm | arbeiten |

Nach **a** hörst du **r** kaum oder gar nicht.

**5** Schreibe die Wörter aus **3** und **4** ab. Markiere **r**. Ba**r**t,

---

Der Konsonant **r** kann unterschiedlich klingen.
Es kommt darauf an, wo er im Wort steht:
Flu**r**, Gu**r**ke, Ba**r**t.

Am Ende einer Silbe klingt **r** wie **a**.

**6** Lies die Wörter. Wie sprichst du das **r**? Erzähle.

| | | | | | |
|---|---|---|---|---|---|
| dort | erst | gern | kurz | sogar | zur |

Richtig schreiben · rechtschriftliche Kenntnisse anwenden: Wörter mit vokalisiertem r schreiben; Rechtschreibstrategien anwenden: Mitsprechen · SAH Fö, S. 20 · ÜH FO, S. 9

# Wörter nach Sprechsilben trennen

**(1)** Erzähle.

> Am letzten Dienstag war ich mit meiner
> Klasse im Kletterwald. Alle mussten
> einen Helm tragen. Jeder brauchte einen
> Klettergurt. Helm und Klettergurt waren
> wichtig. Wir kletterten bis zu einer Höhe
> von zehn Metern. Am Anfang war unser
> Lehrer besorgt, ob wir alles ohne
> Verletzungen schaffen. Es war kein
> Problem. Wir hatten viel Spaß.

 Viele Wörter kannst du nach **Silben** trennen.
**Am Zeilenende** setzt du einen **Trennstrich**. So schreibst du
nicht über den Rand. Am letzten Dienstag war ich mit meiner Klasse ...

**(2)** Einige Wörter aus **(1)** sind über den Rand geschrieben.
Schreibe sie nach Silben getrennt auf.

mei-ner,

_____

**(3)** Schreibe den Text aus **(1)** ab. Achte auf das Zeilenende. 📖

S. 29 ——

**(4)** Schreibe die Sätze nach Silben getrennt auf. 📖

Schwinge
die Wörter.

> Im Kletterpark schützen wir uns mit Helmen und Klettergurten.
> Wir können an einer Seilrutsche nach unten sausen.
> Es gibt auch steile Leitern, die zu einer Plattform führen.

• SAH Fö, S. 21
• ÜH FO, S. 10

rechtschriftliche Kenntnisse anwenden: Wörter nach Sprechsil-
ben am Zeilenende trennen; Rechtschreibstrategien anwenden:
Mitsprechen

Richtig schreiben

**21**

## Eine Geschichte planen und schreiben

① Adin hat eine Geschichte geplant. Erzähle.

**Wer?** — meine Klasse
**Wann?** — Montag
**Wo?** — Kletterwald
**Was?** — klettern in
       10 Metern
       Höhe
    — ängstlich
**Wie?** — Helm
    — Sicherheitsgurte

_Im Kletterwald_
Ich bin mit meiner
Klasse am Montag
in den Kletterwald
gefahren. Dort ...

② Plane deine Geschichte zu einem Ausflug. Schreibe Stichworte.

**Wer?**

**Wann?**

**Wo?**

**Was?**

**Wie?**

③ Du schreibst deine Geschichte auf.
Was musst du beachten? △

**Checkliste Geschichte**
– sinnvolle Reihenfolge
– vollständige Sätze
– Satzschlusszeichen
– passende Überschrift

④ Schreibe deine Geschichte. ▱

**Texte verfassen**

Texte planen: Schreibziel klären, Ideen entwickeln, Inhalte strukturieren; Texte
schreiben: Wissen über Textsorten anwenden, eine Erzählung schreiben

• SAH Fö, S. 22

22

## Eine Geschichte überarbeiten 🔍

**1** Lies. Was fällt dir auf? Erzähle.

Im Kletterwald

Ich bin mit meiner Klasse am ᵧMontag in den

Kletterwald gefahren. Dort habe ich

einen aufgesetzt und Sicherheitsgurte

angelegt. Salome ist mit mir 10

hochgeklettert. Ich habe nach unten

geschaut. Plötzlich bin ich abgerutscht

Ich hatte große Angst.

Zum Glück haben mich die Gurte

gesichert. Salome hat mich getröstet

**2** Nehmt die Geschichte in **1** unter die Lupe. 🔍 👥
   Achtet auf **vollständige Sätze** und **Satzschlusszeichen**.

S. 20 —

**3** Überarbeite die Geschichte in **1**.

**4** Nehmt eure Geschichten von Seite 22 unter die Lupe. 🔍 👥
   Achtet auf **vollständige Sätze** und **Satzschlusszeichen**.

**5** Nimm deine Geschichte von Seite 22 unter die Lupe. 🔍
   Achte auf die **Großschreibung der Nomen**.

**6** Überarbeite deine Geschichte von Seite 22. 📓

• SAH Fö, S. 23     Texte überarbeiten: Kriterien für die Überarbeitung nutzen, eigene     **Texte verfassen**
Texte überarbeiten; Arbeitstechniken anwenden: Texte auf Richtig-
keit überprüfen (Textlupen)     **23**

# Forschen mit Kari und Bu

## Wörter mit silbentrennendem h weiterschwingen

S. 24 **(1)** Schwinge die Wörter. Markiere die Aufpass-Stelle **h**.

| 🔒 Grundwortschatz | | |
|---|---|---|
| die Ku_h_ | ↪ | ↑ |
| der Schuh | ↪ | ↑ |
| das Reh | ↪ | ↑ |
| der Zeh | ↪ | ↑ |
| sie geht | ↪ | |

| 🔒 Grundwortschatz | |
|---|---|
| er zieht | ↪ |
| sie steht | ↪ |
| es blüht | ↪ |
| nah | ↪ |
| früh | ↪ |

S. 23 **(2)** Führt ein Rechtschreibgespräch. 👥

**(3)** Schwinge die Nomen aus **(1)** weiter.

die Ku_h_ – die Kühe,

**(4)** Schwinge die Adjektive und Verben aus **(1)** weiter. Setze ein.

| | |
|---|---|
| frü_h_: | Am frühen _____ Morgen verlässt Kari das Haus. |
| geht: | Er möchte in die Schule _____. |
| zieht: | Am Himmel _____ dicke Wolken vorbei. |
| blüht: | Die Blumen werden nicht mehr lange _____. |
| steht/nah: | Sie _____ am _____ |
| | Zaun und werden nass. |

Grundwortschatz · Rechtschreibstrategien anwenden: Weiterschwingen, Großschreibung; Arbeitstechniken anwenden: Rechtschreibgespräch · SAH Fö, S. 24 · ÜH FO, S. 11

# Wörter mit silbentrennendem h weiterschwingen

**(5)** Unterstreiche die Wörter aus **(1)**.
Markiere die Aufpass-Stelle **h**.

> Micha ge**h**t früh am Morgen zum Kletterpark.
>
> Neben dem Weg blüht eine große, rote Pflanze.
>
> Eine Kuh zieht Heu aus einem Ballen.
>
> Ein Reh steht nah am Zaun.
>
> Micha hat ein Loch im Schuh.
>
> O nein! Ein Zeh schaut heraus.

**(6)** Schreibe den Text aus **(5)** als Wendediktat.

S. 25

**(7)** Setze die Häufigkeitswörter ein.

| | |
|---|---|
| _____ Bu sind Seile im Kletterpark nicht nötig. | hier |
| Er kann _____ überall fliegen. | für |
| Bu braucht _____ einen kleinen Helm. | nur |
| So kann er auch _____ den Wald schweben. | durch |

**(8)** Schreibe mit jedem Häufigkeitswort aus **(7)** einen Satz.

**(9)** Bei welchem Wort kannst du das **h** durch Weiterschwingen erklären?
Begründe.

| Katzenflo**h** | |
|---|---|

| Backenzahn | |
|---|---|

• SAH Fö, S. 25
• ÜH FO, S. 11
• Das kann ich, S. 3

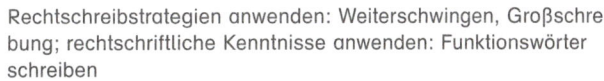
Rechtschreibstrategien anwenden: Weiterschwingen, Großschrei-
bung; rechtschriftliche Kenntnisse anwenden: Funktionswörter
schreiben

Grundwortschatz

25

# Üben mit Kari und Bu

## Nomen kennen

① Welche Wörter sind Nomen? Unterstreiche.

| | | | | |
|---|---|---|---|---|
| SONNIG | <u>TUCH</u> | KAUFT | JUNI | ZAHN |
| FRAGT | UNTER | WUT | UHR | ANGST |
| GLÜCK | TIER | GARTEN | ODER | KLEIN |
| MUT | UND | DREHT | APRIL | KNIE |

② Schreibe die Nomen aus ① mit Artikel und Schiebewort auf.

das schöne Tuch,

_____

_____

_____

_____

_____

_____

_____

_____

_____

**26**

**Wiederholung**
**Sprache untersuchen**

Inhalte des Kapitels wiederholen,
eigenen Lernstand reflektieren

• SAH Fö, S. 26
• Das kann ich, S. 2

# Wörter mit vokalisiertem r schreiben

**1** Schreibe die Wörter ab. Markiere **r**.

| | | | | |
|---|---|---|---|---|
| F̶a̶r̶b̶e̶ | starten | Garn | Markt | Karte |
| Arbeit | Darm | stark | Narbe | warnen |
| warten | Park | harken | scharf | sogar |

Farbe,

_____

_____

_____

**2** Schwinge die Wörter. Schreibe sie auf. Markiere **r**.

 Kirche           _____

 _____          _____

 _____          _____

**3** Schreibe Sätze mit den Verben.

| lernen |   | merken |   | turnen |

_____

_____

_____

S. 22 —

• SAH Fö, S. 27
• Das kann ich, S. 4

Inhalte des Kapitels wiederholen,
eigenen Lernstand reflektieren

Wiederholung
Richtig schreiben

STOPP

27

# In der Natur

## Gedanken zu einem Thema sammeln

(1) Erzähle.

[Bildillustration: Eine herbstliche Parkszene mit Bäumen, Äpfeln, Kindern, die Äpfel sammeln und Drachen steigen lassen, einem Igel, einem Eichhörnchen, Vögeln und Fantasietieren]

(2) Was weißt du über die Natur im Herbst? Erzähle.

(3) Sammelt eure Gedanken zur Natur im Herbst.
Malt einen Kreis und schreibt das Thema hinein. Schreibt Ideen dazu.

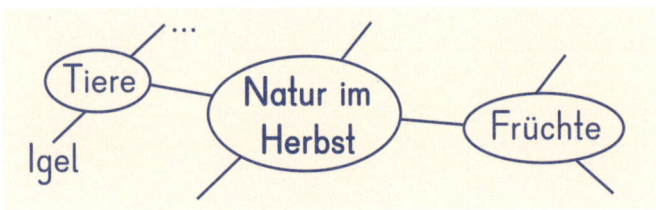

— S. 22 [4] Stelle deine Gedanken aus (3) vor.

◯ Erzähle.    ◯ Präsentiere.    ◯ Stelle aus.

Sprechen und Zuhören

zu anderen sprechen: erzählen; vor anderen sprechen: mithilfe
von Stichworten ein Thema vorstellen, Informationen nach Oberbegriffen strukturieren; verstehend zuhören: Hörtexte erfassen

• SAH Fö, S. 28

# Mit dem roten Faden erzählen

**1** Erzähle.

Opa und ich wollen heute Apfelsaft pressen.
Ich weiß schon genau, wie das geht.
Wir bringen die Äpfel zu Opas Presse.
Wir sammeln die Äpfel vom Boden auf.
Ich muss richtig fest drücken.
Ich bringe euch morgen Saft zum Probieren mit.
Unten fließt der Saft heraus.
Wir pressen die Äpfel.

?

Das verstehe
ich nicht!

**2** Was beachtet Ole beim Erzählen nicht? Erkläre.

**3** Erzähle in der richtigen Reihenfolge.

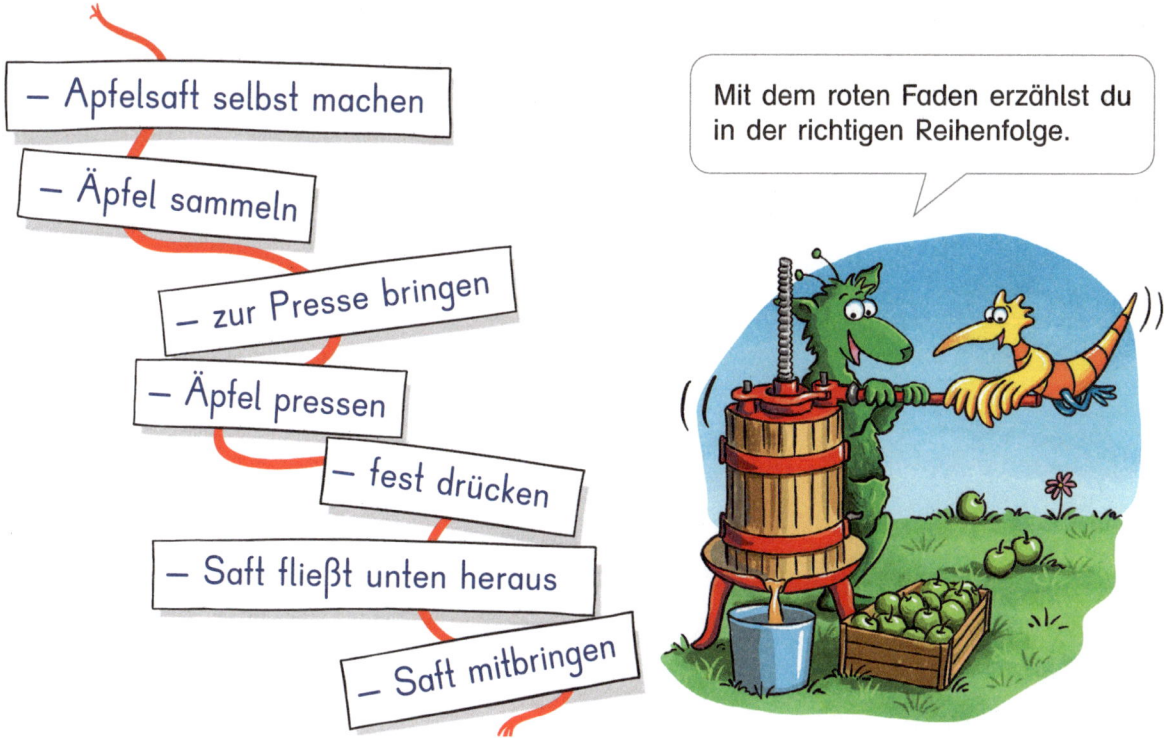

– Apfelsaft selbst machen

– Äpfel sammeln

– zur Presse bringen

– Äpfel pressen

– fest drücken

– Saft fließt unten heraus

– Saft mitbringen

Mit dem roten Faden erzählst du
in der richtigen Reihenfolge.

• SAH Fö, S. 29     zu anderen sprechen: Erzählstrukturen kennen und umsetzen
(Reihenfolge); vor anderen sprechen: mithilfe einer Gliederung
(roter Faden) einen Vorgang beschreiben     **Sprechen und
Zuhören**  **29**

# Rückmeldung geben

**(1)** Erzähle.

**(2)** Spielt die Situation aus **(1)** nach. Warum ist Ole traurig über die Rückmeldungen? Erklärt.

— S. 21 **(3)** Wie gibst du Rückmeldung? Erkläre.

**(4)** Welche Tipps können die Kinder in **(1)** geben? Sammelt Vorschläge.

**(5)** Spielt eure Vorschläge aus **(4)** in einem Rollenspiel vor. Wie geht es Ole nun? Erklärt.

**Sprechen und Zuhören**    mit anderen sprechen: Gesprächsregeln anwenden, wertschätzend • SAH Fö, S. 30
Rückmeldung geben; vor anderen sprechen: szenisch spielen

## Erzählen und Rückmeldung geben

① Beschreibe.

② Schreibe Stichworte zu ① auf Karten.

③ Ordne deine Stichworte am roten Faden.

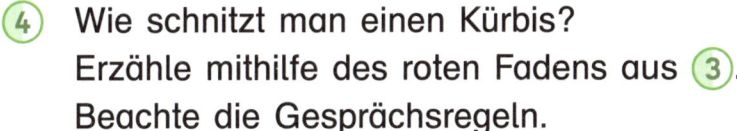

④ Wie schnitzt man einen Kürbis?
Erzähle mithilfe des roten Fadens aus ③.
Beachte die Gesprächsregeln.

⑤ Gebt euch Rückmeldung.

S. 22

⑥ Was nimmst du dir vor? Erzähle.

S. 22

⑦ Wie funktioniert ein roter Faden? Erkläre.

vor anderen sprechen: mithilfe einer Gliederung (roter Faden)
einen Vorgang beschreiben; mit anderen sprechen: Gesprächsregeln anwenden, wertschätzend Rückmeldung geben, reflektieren

**Sprechen und
Zuhören**

**31**

## Personalpronomen kennen

**1** Lest die Sätze. Was fällt euch auf? Unterstreicht. 💬

| | |
|---|---|
| Marco füttert die Hirsche. | Er füttert die Hirsche. |
| Nele striegelt das Lama. | Sie striegelt das Lama. |
| Marco und Nele pflegen die Tiere. | Sie pflegen die Tiere. |

Das sind **Personalpronomen**:
ich, du, er/sie/es (Einzahl),    wir, ihr, sie (Mehrzahl).
**Nomen** können durch **Personalpronomen** ersetzt werden.

Marco füttert die Hirsche.    Er füttert die Hirsche.

**2** Ersetze die unterstrichenen Wörter durch Personalpronomen.

Die Tierpflegerin säubert das Gehege. <u>Sie</u> säubert das Gehege.

Der Tierpfleger füttert die Rehe. _____ füttert die Rehe.

Die Kinder beobachten die Tiere. _____ beobachten die Tiere.

Das Mädchen macht Fotos. Es macht Fotos.

Ina und ich bestaunen die Lamas. _____ bestaunen die Lamas.

Die Rehe leben im Wald. _____ leben im Wald.

Das Schwein wälzt sich. _____ wälzt sich.

Der Greifvogel kreischt laut. _____ kreischt laut.

Ole und ich haben Angst. _____ haben Angst.

**Sprache untersuchen**    sprachliche Strukturen kennen und anwenden: Personalpronomen    • SAH Fö, S. 32
kennen und anwenden    • ÜH FO, S. 12

## Personalpronomen kennen

**1** Ersetze die unterstrichenen Wörter durch Personalpronomen.

Marco und Nele pflegen Tiere. ‎Sie‎ arbeiten im Wildpark.

Marco geht zuerst zu den Hirschen. _____ füttert sie mit Kraftfutter.

Nele säubert das Gehege. _____ räumt alles in einen Eimer.

Das Futter fehlt noch. _____ steht im Schuppen.

**2** Setze die passenden Personalpronomen ein.

Die Kinder holen das Pony. ‎Sie‎ gehen zur Wiese.

Nele gibt dem Pony Pellets. _____ hält die Hand flach.

Ein Junge streichelt das Pony. _____ krault sein Fell.

Ein Mädchen macht Fotos. _____ mag Ponys sehr gern.

Das Pony wiehert laut. _____ begrüßt ein anderes Pony.

**3** Setze die passenden Personalpronomen ein.

Marco fragt Nele: „ Füttern _____ zusammen die Schweine?"

Der Chef sagt: „Nele und Marco, _____ seid ein gutes Team."

Nele sagt: „_____ arbeite gern mit Marco."

Marco sagt zu Nele: „_____ bist immer gut gelaunt."

## Regelmäßige Verben im Präsens bilden

**1** Setze die fehlenden Endungen ein.

> Ich such_e_ Pilze im Wald.
>
> Du such___ Tannenzapfen.
>
> Sie such___ Kastanien im Park.
>
> Wir such___ bunte Blätter.
>
> Ihr such___ Eicheln und Bucheckern.
>
> Sie such___ Material für eine Ausstellung.

Einzahl oder Mehrzahl: **sie** oder **sie**?

e
en
t
st
en
t

**2** Markiere in **1** das Personalpronomen und die Endung des Verbs.

Verben haben Zeitformen und Personalformen.
Die **Personalform** richtet sich danach, **wer** etwas tut.
Die **Zeitform** sagt, **wann** etwas geschieht.
**Präsens** ist die **Gegenwartsform**. Etwas passiert **jetzt** oder **immer**.
Ich such_e_ Pilze im Wald.

**3** Schreibe die Ich-Form und Er-Form der Verben.

> ~~pflegen~~   holen   rufen   hüpfen   leben   kriechen   spülen

ich pflege – er pflegt,

**Sprache untersuchen**   sprachliche Strukturen kennen und anwenden: Personalformen   • SAH Fö, S. 34
von Verben (regelmäßig) kennen und anwenden, Präsens kennen;
Möglichkeiten der Wortbildung nutzen (Wortbausteine)

# Regelmäßige Verben im Präsens bilden

**1** Schreibe die Verben in den Personalformen auf.
Markiere die Endung.

| leg**en** | flieg**en** | trink**en** |
|---|---|---|
| ich  *lege* | ich | ich |
| du | du | du |
| er | sie | es |
| wir | wir | wir |
| ihr | ihr | ihr |
| sie | sie | sie |

| sag**en** | riech**en** | denk**en** |
|---|---|---|
| ich | ich | ich |
| du | du | du |
| er | sie | es |
| wir | wir | wir |
| ihr | ihr | ihr |
| sie | sie | sie |

**2** Schreibe die Ich-Form und Er-Form der Verben. Was fällt dir auf?

| streicheln | |
|---|---|
| füttern | |

• SAH Fö, S. 35

sprachliche Strukturen kennen und anwenden: Personalformen
von Verben (regelmäßig) kennen und anwenden, Präsens kennen;
Möglichkeiten der Wortbildung nutzen (Wortbausteine)

Sprache untersuchen

35

## Unregelmäßige Verben im Präsens bilden

**(1)** Erzähle.

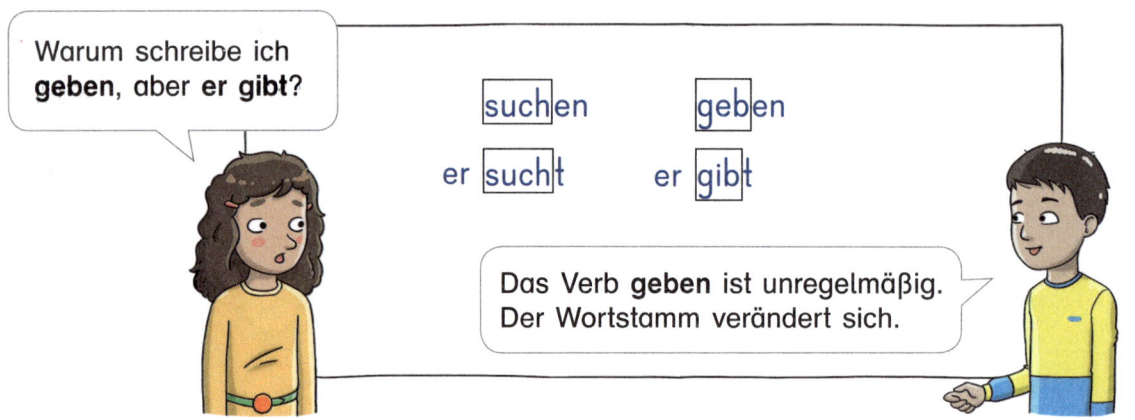

> Warum schreibe ich **geben**, aber **er gibt**?

suchen     geben

er sucht     er gibt

> Das Verb **geben** ist unregelmäßig.
> Der Wortstamm verändert sich.

---

Bei **unregelmäßigen Verben** kann sich der **Wortstamm verändern**.

geben: ich gebe, du gibst, er/sie/es gibt, wir geben, ihr gebt, sie geben

---

**(2)** Was gehört zusammen? Unterstreiche. Schreibe. 📖 wiss|en - sie weiß,

| wiss|en | nehm|en | hab|en | werd|en | ess|en |
|---|---|---|---|---|
| sie hat | er nimmt | sie weiß | er isst | es wird |

---

— S. 26   **(3)** Schreibe die Er-Form der unregelmäßigen Verben. Prüfe. 📚

trag|en   **er trägt**          helf|en

fang|en                  lauf|en

rat|en                   les|en

seh|en                   fall|en

mög|en                  lass|en

halt|en                  mess|en

Sprache untersuchen     sprachliche Strukturen kennen und anwenden: Personalformen    • SAH Fö, S. 36
von Verben (unregelmäßig) kennen und anwenden; Möglichkeiten    • ÜH FO, S. 13
der Wortbildung nutzen (Wortbausteine)

# Unregelmäßige Verben im Präsens bilden

① Was gehört zusammen? Unterstreiche. Schreibe. 📖 geb|en - sie gib|t,

geb|en    brat|en    dürf|en    könn|en    woll|en

sie brät    es darf    sie will    er gibt    es kann

② Lies das Gedicht. Unterstreiche die Personalformen von **sein**.

Das Verb **sein**

ist wirklich gemein.

Es heißt:

ich bin, du bist, er ist.

Das ist doch Mist!

Wir sind, ihr seid, sie sind,

das lernen wir geschwind!

③ Lerne das Gedicht. Trage es vor. Gebt euch Rückmeldung.

S. 21 —

④ Schreibe die Verben in den Personalformen auf. Prüfe. 📖

| sein | | haben | | geben | |
|---|---|---|---|---|---|
| ich | bin | ich | | ich | |
| du | | du | | du | |
| er | | sie | hat | es | |
| wir | | wir | | wir | |
| ihr | | ihr | | ihr | |
| sie | | sie | | sie | |

• SAH Fö, S. 37
• ÜH FO, S. 13

sprachliche Strukturen kennen und anwenden: Personalformen
von Verben (unregelmäßig) kennen und anwenden; Möglichkeiten
der Wortbildung nutzen (Wortbausteine)

Sprache untersuchen

## Wortbausteine von Verben kennen

**1** Markiert die vorangestellten Wortbausteine.
Was bedeuten die Verben? Erklärt.

> |weg|laufen    ablaufen    vorlaufen    verlaufen    anlaufen

**2** Schreibe Verben mit den Wortbausteinen.

> |weg|    |vor|    |ver|    |ab|    |ein|    |auf|    |nach|

**3** Unterstreiche beide Teile des Verbs. Schreibe die Grundform.

> Die Vögel <u>fliegen</u> schnell <u>weg</u>.  **wegfliegen**
>
> Die Ente taucht schnell auf.
>
> Das Pferd trabt plötzlich an.
>
> Ich fange das Kaninchen ein.

Im Satz stehen viele vorangestellte Wortbausteine getrennt vom Verb. Das Verb ist trennbar.

**4** Setze die trennbaren Verben ein.

> |mit|kommen: Opa **kommt** in den Tierpark ____.
>
> abstellen:  Mama ____ das Auto ____.
>
> vorgehen:  Steffen ____ zum Eingang ____.
>
> einkaufen:  Er ____ drei Tüten Tierfutter ____.

**5** Bilde Ich-Sätze. Was fällt dir auf? Erkläre. Ich <u>schneide</u> das Brot <u>an</u>.

> |an|schneiden wegschneiden zerschneiden verschneiden ausschneiden

Sprache untersuchen    sprachliche Strukturen kennen und anwenden: Vorsilben kennen;    • SAH Fö, S. 38
Möglichkeiten der Wortbildung nutzen (Vorsilben)    • ÜH FO, S. 14
• Das kann ich, S. 6

## Wörter weiterschwingen

**(1)** Erzähle.

t oder d?
Ich höre t am Ende.

Stran___

Schwinge weiter:
die Strände,
also Strand mit d.

**(2)** Schwinge die Nomen weiter.

der Strand  **die Strände**

der Stab

der Wald

der Korb

der Brand

der Zug

**(3)** Schwinge die Verben weiter.

es le **b** t  **wir leben**
p/b

es fe___t
k/g

er kle___t
p/b

er pfle___t
k/g

sie hu___t
p/b

sie win___t
k/g

**(4)** Schwinge die Adjektive weiter.

frem **d**  **das fremde Tier**
t/d

lie___
p/b

run___
t/d

tau___
p/b

wil___
t/d

gel___
p/b

**(5)** Wie schwingst du Nomen, Adjektive und Verben weiter? Erkläre. △

• SAH Fö, S. 39
• ÜH FO, S. 15

rechtschriftliche Kenntnisse anwenden: Wörter mit Auslautverhärtung (t/d, k/g, p/b) schreiben; Rechtschreibstrategien
anwenden: Weiterschwingen

Richtig schreiben

39

## Wörter mit ß und s weiterschwingen

① Erzähle.

ß oder s?

gro___

Schwinge weiter: der große Elefant, also groß mit ß.

② ß oder s? Schwinge die Nomen weiter.

der Klo_ß_   die Klöße     der Fu___

die Gan___     das Gla___

der Spie___     der Spa___

③ ß oder s? Schwinge die Verben weiter.

er hei_ß_t   wir heißen     sie ra___t

es grü___t     er gie___t

sie lo___t     er nie___t

sie schie___t     es flie___t

④ ß oder s? Schwinge die Adjektive weiter.

hei_ß_   der heiße Tee     wei___

türki___     sü___

gro___     fie___

rechtschriftliche Kenntnisse anwenden: Wörter mit Auslautverhärtung (ß/s) schreiben; Rechtschreibstrategien anwenden:
Weiterschwingen

• SAH Fö, S. 40
• ÜH FO, S. 16

## Wörter mit ß und s weiterschwingen

**1** ß oder s? Schwinge weiter.

Faruk gieß_t die Blumen mit der Kanne.

*wir gießen*

Das Gra__ ist grün.

Salome lie__t ein spannendes Buch.

In den Ferien rei__t er zu seinen Großeltern.

Das Kind rei__t das Papier in Stücke.

**2** Schreibe die Nomen auf.

*Spieß*

**3** ß oder s? Schwinge weiter. Setze ein.

Geocaching macht viel Spaß_.

Familie Nowak hat sich zu einem Kur__ angemeldet.

Der Leiter begrü__t die Familie.

Micha beschlie__t, mit Mama den Schatz zu suchen.

Mit dem Handy stö__t er auf eine Überraschung.

Im hohen Gra__ liegt eine kleine Dose.

Mama ra__t auf ihn zu und freut sich auch.

Micha genie__t den Ausflug mit seinen Eltern sehr.

• SAH Fö, S. 42
• ÜH FO, S. 16

rechtschriftliche Kenntnisse anwenden: Wörter mit Auslautverhärtung (ß / s) schreiben;
Rechtschreibstrategien anwenden: Weiterschwingen

**Richtig schreiben**

41

## Ein Rezept planen und schreiben

**1** Beschreibe.

**2** Lies das Rezept. Bringe es in die richtige Reihenfolge.

Rezept für Apfelmus
Zutaten: 5 Äpfel, 100 ml Wasser
Material: Messer, Schneidebrett, Topf, Kochlöffel

☐ Jetzt gebe ich die Apfelstücke und das Wasser in den Topf.

☐ Zuerst stelle ich alle Zutaten auf den Tisch.

☐ Zum Schluss lasse ich alles 15 Minuten kochen
und rühre zwischendurch um.

☐ Danach schäle ich die Äpfel und schneide sie in Stücke.

**3** Schreibe das Rezept aus **2** in der richtigen Reihenfolge auf.
Unterstreiche die Satzanfänge.

**Checkliste Rezept**
– passende Überschrift
– Zutaten und Material
– sinnvolle Reihenfolge
– verschiedene Satzanfänge
– Arbeitsschritte genau beschreiben

**4** Vergleicht eure Rezepte aus **3**.

Texte verfassen

Texte planen: Textmuster erschließen (Rezept), Textfunktion
klären; Texte schreiben: Rezept nach Mustern schreiben;

• SAH Fö, S. 42
• ÜH FO, S. 17

## Ein Rezept überarbeiten

**(1)** Beschreibe.

**(2)** Lies das Rezept. Was fällt dir auf? Erzähle. △

> Rezept für Apfelchips
> Zutaten: 2 Äpfel
> Material: Messer, Schneidebrett, Backpapier, Backblech, Holzlöffel
>
> Ich schneide die Äpfel in dünne Scheiben.
>
> Dann lege ich die Apfelscheiben auf ein Backblech mit Backpapier.
>
> Dann trockne ich die Scheiben bei 80 Grad für vier Stunden im
>
> Ofen. Dabei klemme ich einen Holzlöffel in die Ofentür.
>
> Dann lasse ich die Apfelchips abkühlen.

**(3)** Nehmt das Rezept aus **(2)** unter die Lupe. ▭ 👥
Achtet auf die **Satzanfänge**.

S. 20 —

> Mithilfe des Holzlöffels kann die Feuchtigkeit entweichen.

**(4)** Überarbeite das Rezept aus **(2)**.
Nutze passende **Satzanfänge**. 📖

S. 20 —

| Nun | Anschließend | Zuerst | Jetzt | Zum Schluss |

**(5)** Nimm dein Rezept von Seite 42 unter die Lupe. ▭
Achte auf die **Großschreibung der Satzanfänge** und
auf die **Satzschlusszeichen**. 📖

• SAH Fö, S. 43
• ÜH FO, S. 17

Texte überarbeiten: Kriterien für die Überarbeitung nutzen, eigene
Texte überarbeiten; Arbeitstechniken anwenden: Texte auf Richtigkeit überprüfen (Textlupen)

**Texte verfassen**

# Forschen mit Kari und Bu

## Wörter mit ß und s weiterschwingen

— S. 24 **(1)** Schwinge die Wörter. Markiere die Aufpass-Stellen **ß** und **s**.

| 🔒 Grundwortschatz | | |
|---|---|---|
| der Spa<u>ß</u> | ↻ | ↑ |
| der Fuß | ↻ | ↑ |
| der Gruß | ↻ | ↑ |
| der Strauß | ↻ | ↑ |
| das Gras | ↻ | ↑ |

| 🔒 Grundwortschatz | |
|---|---|
| er beißt | ↻ |
| sie gießt | ↻ |
| er heißt | ↻ |
| es fließt | ↻ |
| sie liest | ↻ |

— S. 23 **(2)** Führt ein Rechtschreibgespräch. 👥

**(3)** Schwinge die Nomen aus **(1)** weiter.

der Spa<mark>ß</mark> – die Späße,

_____

_____

**(4)** Schwinge die Verben aus **(1)** weiter. Setze ein.

liest: Kari und Bu *lesen* _____ in einem Lexikon.

gießt: Rosen soll man nicht von oben _____.

beißt: Viele Tiere können heftig _____.

heißt: Manche Fledermäuse _____ auch Vampire.

fließt: Kann Wasser bergauf _____?

Rechtschreibstrategien anwenden: Weiterschwingen, Großschreibung; Arbeitstechniken anwenden: Rechtschreibgespräch

• SAH Fö, S. 44
• ÜH FO, S. 18

## Wörter mit ß und s weiterschwingen

**5** Unterstreiche die Wörter aus ①.
Markiere die Aufpass-Stellen **s** und **ß**.

> Kari und Bu machen oft Spaß.
>
> Saft fließt aus grünem Gras.
>
> Kari beißt in Zitronen und hebt den Fuß.
>
> Ein reifer Apfel heißt Melone.
>
> Bu gießt warmes Wasser über einen Strauß.
>
> Kari liest einen Gruß quakend vor.

**6** Schreibe den Text aus ⑤ als Wendediktat.

S. 25 —

**7** Setze die Häufigkeitswörter ein.

Bu hat schon _____ Geburtstag.

Kari fragt ihn, _____ er sich etwas wünscht.

Bu ist _____ sehr aufgeregt.

Er möchte _____ wissen, was er bekommt.

| endlich |
| ob |
| bald |
| deshalb |

**8** Schreibe mit jedem Häufigkeitswort aus ⑦ einen Satz.

**9** ß oder s? Setze ein. Begründe.

Bewei__stück _____

Flei__arbeit _____

• SAH Fö, S. 45
• ÜH FO, S. 18

Rechtschreibstrategien anwenden: Weiterschwingen, Großschreibung; rechtschriftliche Kenntnisse anwenden: Funktionswörter schreiben

Grundwortschatz

**45**

## Unregelmäßige Verben im Präsens bilden

**(1)** Was gehört zusammen? Unterstreiche. Schreibe. treff en - sie triff t,

| treff en | tret en | schlaf en | sprech en | stoß en |
|----------|---------|-----------|-----------|---------|
| sie sprich t | er schläf t | sie triff t | er tritt | es stöß t |

— S. 26 **(2)** Bilde die Er-Form der unregelmäßigen Verben. Prüfe.

| grab en | stech en | stehl en | ver gess en | werf en | schlag en |

graben — er gräbt,

— S. 26 **(3)** Schreibe die Verben in den Personalformen auf. Prüfe.

|  | **lesen** | **dürfen** | **nehmen** |
|--|-----------|------------|------------|
| ich | | | |
| du | liest | | nimmst |
| er | | sie | es |
| wir | | wir | wir |
| ihr | | ihr | ihr |
| sie | | sie | sie |

STOPP

46

Wiederholung
Sprache untersuchen

Inhalte des Kapitels wiederholen,
eigenen Lernstand reflektieren

• SAH Fö, S. 46
• Das kann ich, S. 5

## Wörter weiterschwingen

**(1)** Schwinge die Nomen weiter.

das Lan <u>d</u>  t/d   die Länder      das Kal __ p/b

das Fel __ t/d      das Sie __ p/b

der Ran __ t/d      der Zwei __ k/g

das Rin __ t/d      der Zwer __ k/g

**(2)** Schwinge die Verben weiter.

Salome lie <u>b</u> t ihre kleine Katze.    wir lieben
p/b

Das Tier lie __ t gerne auf der Fensterbank.
k/g

Sie le __ t sich auch gern vor die Haustür.
k/g

Salome he __ t sie auf den Arm.
p/b

Sie gi __ t der Katze Wasser in den Napf.
p/b

**(3)** Schwinge die Adjektive weiter.

gro <u>b</u>  p/b   die grobe Reibe    blon __ t/d

gesun __ t/d      tau __ p/b

wil __ t/d      gel __ p/b

schrä __ k/g      klu __ k/g

S. 22

• SAH Fö, S. 47
• Das kann ich, S. 7

Inhalte des Kapitels wiederholen,
eigenen Lernstand reflektieren

Wiederholung
Richtig schreiben

**47**

## Gespräche führen

① Erzähle.

Karten sammeln finde ich langweilig.

Mist, genau diese Karte fehlt mir noch.

Du hast aber eine tolle Karte.

② Was **sagen** die Kinder? Was **denken** die Kinder? Erzählt.

③ Warum sagen die Kinder aus ① nicht ehrlich, was sie denken? △

④ Hast du eine Situation wie in ① schon einmal erlebt? Erzähle.

⑤ Die Kinder aus ① sollen sagen, was sie denken, ohne zu verletzen. Spielt und präsentiert.

**Sprechen und Zuhören**

zu anderen sprechen: erzählen; mit anderen sprechen: über Gefühle sprechen, auf andere eingehen; vor anderen sprechen: szenisch spielen; verstehend zuhören: Hörtexte erfassen

• SAH Fö, S. 48

# Respektvoll miteinander sprechen

**(1)** Lies.

> Lara und Cleo sind Freundinnen.
>
> Sie treffen sich bei Cleo.
>
> Remo klingelt. Er möchte mitspielen.
>
> Cleo sagt: „Jetzt können wir zu dritt spielen."
>
> Lara ist sauer. Sie will mit Cleo allein spielen.
>
> Lara schreit: „Cleo, du bist gemein!
>
> Nie spielst du nur mit mir.
>
> Du magst Remo lieber als mich!"

**(2)** Wie fühlen sich Lara, Cleo und Remo in **(1)**? Erklärt.

**(3)** Erklärt den Unterschied zwischen einer Ich-Botschaft und einer Du-Botschaft.

> **Du** magst Remo lieber als mich.

> **Ich** bin traurig, weil ich das Gefühl habe, dass du Remo lieber magst.

> **Ich-Botschaft**
>
> Ich sage meine Meinung,
>
> ohne zu verletzen.
>
> Ich beschreibe, wie ich mich fühle.

**(4)** Formuliere die Sätze als Ich-Botschaften. Präsentiere.

> Du schreist immer gleich rum.

> Du bist immer gleich beleidigt und hörst nicht mehr zu.

> Du bist gemein, weil du nie allein mit mir spielst.

> Ich fühle mich traurig, weil …

**(5)** Spielt die Situation aus **(1)**. Nutzt Ich-Botschaften aus **(4)**.

## Über Lösungen sprechen

**(1)** Wie fühlen sich die Kinder? Beschreibe.

**(2)** Samara möchte sich entschuldigen. Was könnte sie zu Ole sagen? Formuliert Ich-Botschaften.

**(3)** Spielt eure Entschuldigung aus **(2)** vor.

**(4)** Schreibe einen Entschuldigungsbrief von Samara an Ole.

Wenn ich schreibe, kann ich ...

**(5)** Beschreibt den Unterschied zwischen einer mündlichen Entschuldigung und einem Entschuldigungsbrief.

**(6)** Hast du eine Situation wie in **(1)** schon einmal erlebt? Erzähle.

**(7)** Überlegt euch auch für diese Situation eine Lösung.

**50**

Sprechen und
Zuhören

mit anderen sprechen: über Gefühle sprechen; Konflikte lösen;
vor anderen sprechen: szenisch spielen; Unterschiede gespro-
chener und geschriebener Sprache kennen

• SAH Fö, S. 50

# Eine Streitschlichtung vorbereiten

**①** Lies und erzähle. Achte auf die Körperhaltung und auf die Gesichtsausdrücke.

**②** Sara und Adin gehen zur Streitschlichtung. Erzähle.

**③** Warum ist ein klarer Ablauf bei einer Streitschlichtung wichtig? Erkläre.

**④** Spielt die Streitschlichtung zu dem Streit aus ① nach. 🧑‍🤝‍🧑

• SAH Fö, S. 51

mit anderen sprechen: über Gefühle sprechen, Konflikte lösen; zu anderen sprechen: Wirkung der Redeweise beachten (Körpersprache); vor anderen sprechen: szenisch spielen; 🌐

Sprechen und Zuhören

**51**

## Perfekt kennen

**1** Lies. Unterstreiche die Verben.
Was fällt dir auf?

Opa, erzähl doch mal:
Was habt ihr
früher gemacht?

Wir <u>haben</u> immer draußen <u>gespielt</u>.
Wir <u>sind</u> oft Fahrrad <u>gefahren</u>.
Früher haben wir selten Fernsehen geschaut.
Wir sind oft zu unseren Freunden gelaufen.
Musik haben wir meist von Kassetten gehört.

Das **Perfekt** ist eine **Vergangenheitsform**.
Perfekt verwendest du, wenn etwas **vorbei** ist.
Es wird mit den Hilfsverben **haben** oder **sein** gebildet.
Wir <u>haben</u> gespielt. Wir <u>sind</u> gefahren.

**2** Schreibe die Personalformen im Präsens auf.

| haben | | sein | |
|---|---|---|---|
| ich | habe | ich | bin |
| du | | du | bist |
| sie | | er | |
| wir | | wir | |
| ihr | | ihr | |
| sie | | sie | |

Das Verb **sein** ist
wirklich gemein.
Es heißt: ...

## Perfekt bilden

**(1)** Schreibe die Verben in den Personalformen im Perfekt auf.

**laufen**

ich bin gelaufen

du

er

_____

wir

ihr

sie

**hüpfen**

ich bin gehüpft

du

sie

_____

wir

ihr

sie

**lachen**

ich habe gelacht

du

es

_____

wir

ihr

sie

**sehen**

ich habe gesehen

du

er

_____

wir

ihr

sie

**(2)** Markiere in ① die Vorsilbe ge.

**(3)** Schreibe die Verben **spielen** und **landen** in den Personalformen im Perfekt auf.

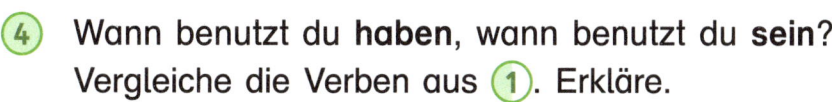

Im Perfekt haben die meisten Verben die Vorsilbe ge.

**(4)** Wann benutzt du **haben**, wann benutzt du **sein**? Vergleiche die Verben aus ①. Erkläre.

## Perfekt bilden

**1** Unterstreicht die Verben. Was fällt euch auf? Erzählt.

Wir spielen draußen.

Wir haben draußen gespielt.

**Verben** können in verschiedenen **Zeitformen** stehen.
**Präsens** (Gegenwart) verwendest du, wenn etwas **jetzt**
oder **immer** passiert: Wir spielen.
**Perfekt** (Vergangenheit) verwendest du,
wenn etwas **vorbei** ist: Wir haben gespielt.

**2** Unterstreiche die Verbformen. Ordne die Sätze der richtigen Zeitform zu.
Male an: Präsens oder Perfekt.

Mama <u>hat</u> Tee <u>gekocht</u>.  Mama kocht Tee.

Du malst ein Bild.  Du hast ein Bild gemalt.

Er hat im Sand gespielt.  Er spielt im Sand.

S. 26 **3** Bilde die Perfektform mit **haben**. Prüfe mit der Wörterliste.

ich höre *ich habe gehört*  ich male

ich kaufe  ich sehe

S. 26 **4** Bilde die Perfektform mit **sein**. Prüfe mit der Wörterliste.

ich fahre *ich bin gefahren*  ich rolle

ich hüpfe  ich falle

**Sprache untersuchen** sprachliche Strukturen kennen und anwenden: Perfekt kennen und bilden • SAH Fö, S. 54 • ÜH FO, S. 20

54

## Perfekt bilden

**①** Erzähle.

> Es gibt unregelmäßige Verben im Perfekt: geh|en – ich bin ge|gang|en.

> Die Wörterliste hilft dir.

**②** Ergänze die Sätze im Perfekt. Verwende das Hilfsverb **haben**. Prüfe. 📖 S. 26

| trinken | Oma **hat** gestern Tee **getrunken** . |
| schreiben | Lisa _____ einen Brief _____ . |
| finden | Gestern _____ ich einen Ball _____ . |

**③** Ergänze die Sätze im Perfekt. Verwende das Hilfsverb **sein**. Prüfe. 📖 S. 26

| schwimmen | Ich **bin** im Meer _____ . |
| fliegen | Ich _____ in einem Flugzeug _____ . |
| rennen | Tim _____ schnell _____ . |

**④** Unterstreiche die Verben. Schreibe die Sätze im Perfekt auf.

Ich <u>gehe</u> zu meiner Tante.

_____

Zum Frühstück kocht sie Eier.

_____

Wir schneiden frisches Obst.

_____

## Wörter mit Doppelkonsonanten mitsprechen

**1** Erkläre.

> Schreibe ich **m** oder **mm**?

schwi____en

So____er

> Schwinge die Wörter. Denke an die geschlossene Silbe: schwimmen, Sommer.

Steht am Ende der Silbe ein Konsonant, ist die **Silbe geschlossen**.
Hörst du nur einen Konsonanten, verdoppelst du ihn: schwimmen.
Der **Vokal** klingt **kurz**.

**2** Schwinge die Wörter. Markiere den Vokal in der ersten Silbe. Ordne zu.

malen   knallen   Ketten   kneten   Flosse   Lose

1. Silbe offen:   malen _____ _____

1. Silbe geschlossen: _____ _____ _____

**3** Schwinge die Wörter. Schreibe sie auf.

Wippe

**Richtig schreiben**   rechtschriftliche Kenntnisse anwenden: Wörter mit Doppelkonso-   • SAH Fö, S. 56
nanz schreiben; Rechtschreibstrategien anwenden: Mitsprechen

56

## Wörter mit ck und tz mitsprechen

**1** Schwinge die Nomen.
Schreibe sie auf.

> Du hörst **kk**, aber du schreibst **ck**.
> Du hörst **zz**, aber du schreibst **tz**.

 **Wecker**

**2** Schwinge die Verben. Markiere den Vokal in der ersten Silbe. Ordne zu.

| heizen hetzen pieken picken spuken spucken |

1. Silbe offen: **heizen** ____ ____

1. Silbe geschlossen: ____ ____ ____

**3** Schwinge die Verben. Schreibe sie auf.

 **picken**

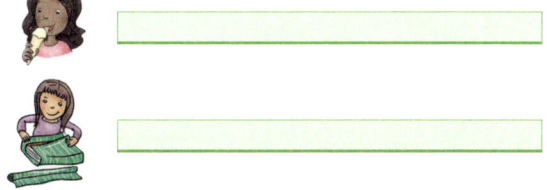 

## Wörter mit Doppelkonsonanten weiterschwingen

**1** Erkläre.

*(Sprechblase links)* Warum haben diese Wörter doppelte Konsonanten?

*(Tafel)* er rollt
das Fass

*(Sprechblase rechts)* Schwinge weiter: wir rollen, die Fässer.

**2** Schwinge die Nomen weiter. Schreibe sie auf.

die Fässer – das Fass,

**3** Schwinge die Verben weiter.

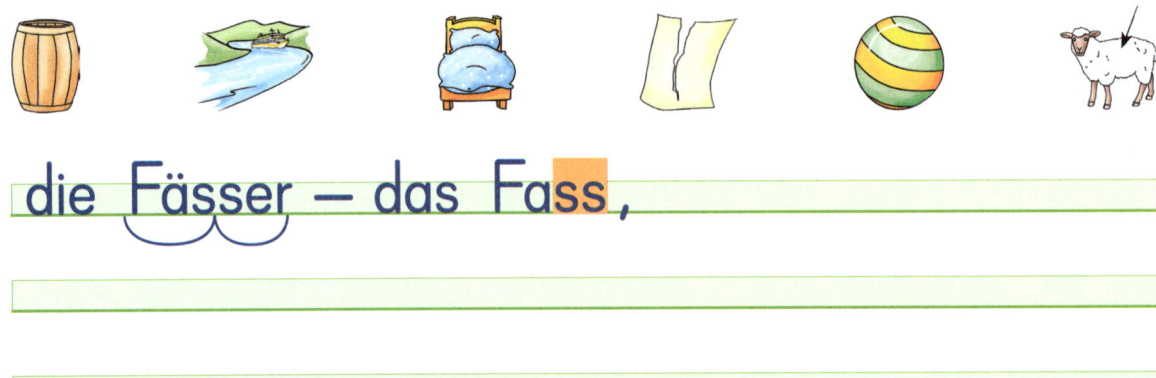

er re __nn__ t — wir rennen
  n/nn

sie ko ____ t
  m/mm

es rei ____ t
  m/mm

er ho __ t
  f/ff

sie begi ___ t
  n/nn

es knei __ t
  f/ff

**4** Schwinge die Adjektive weiter.

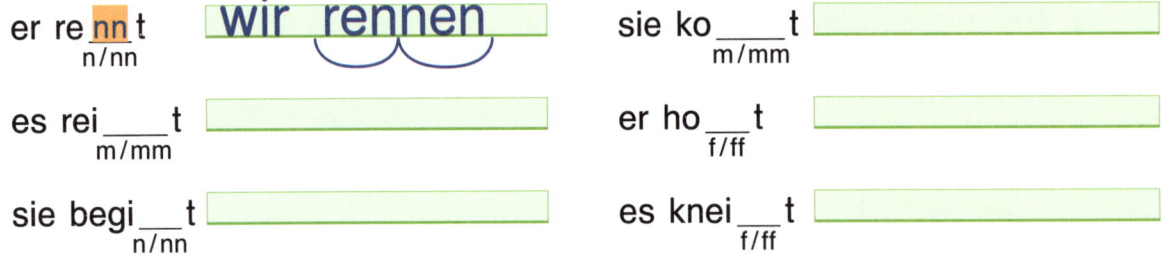
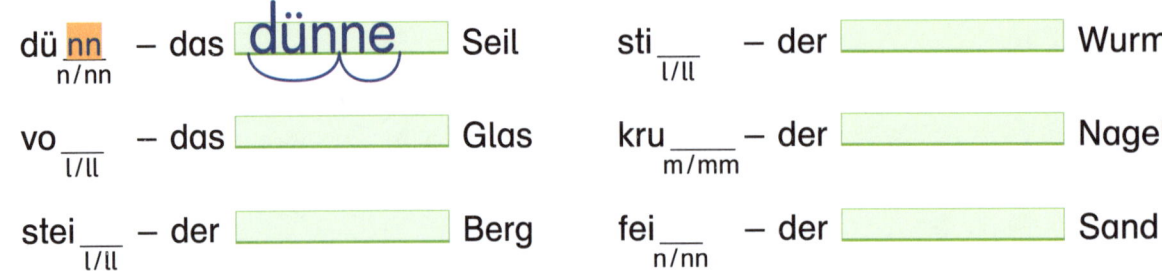

dü __nn__ – das dünne Seil
  n/nn

sti ___ – der _____ Wurm
  l/ll

vo ___ – das _____ Glas
  l/ll

kru ____ – der _____ Nagel
  m/mm

stei ___ – der _____ Berg
  l/ll

fei __ – der _____ Sand
  n/nn

rechtschriftliche Kenntnisse anwenden: Wörter mit Doppelkonsonanz schreiben; Rechtschreibstrategien anwenden: Weiterschwingen

• SAH Fö, S. 58
• ÜH FO, S. 21

## Wörter mit ck weiterschwingen

**1** Erkläre.

> Warum schreibe ich **ck**?

> Schwinge weiter: wir backen, die Flecken.

sie ba**ck**t
der Fle**ck**

**2** Schwinge die Nomen weiter. Schreibe sie auf.

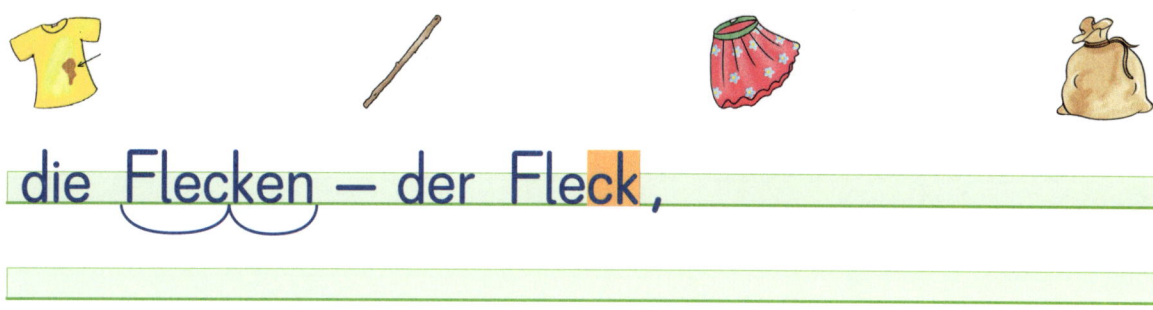

die Flecken – der Fle**ck**,

**3** Schwinge die Verben weiter.

sie ba**ck**t    wir backen      er weckt

es knackt              er strickt

sie nickt                es steckt

es juckt                 er zuckt

sie packt               er schickt

**4** Schwinge die Adjektive weiter.

di**ck**   – das             Seil

schick – der             Hut

## Wörter mit tz weiterschwingen

**1** Erkläre.

Warum schreibe ich **tz**?

er schü**tz**t
der Spa**tz**

Schwinge weiter:
wir schützen,
die Spatzen.

**2** Schwinge die Nomen weiter. Schreibe sie auf.

die Spatzen – der Spatz, _____

_____

**3** Schwinge die Verben weiter.

er schü**tz**t  wir schützen   sie kratzt _____

er schnitzt _____   es sitzt _____

sie benutzt _____   es platzt _____

**4** Schwinge die unterstrichenen Wörter weiter.

Die Stacheln eines Igels sind <u>spitz</u>. _____

Unser Hund hat sich <u>verletzt</u>. _____

Er <u>kratzt</u> sich an der Wunde. _____

Das ist kein <u>Witz</u>. _____

rechtschriftliche Kenntnisse anwenden: Wörter mit tz schreiben;
Rechtschreibstrategien anwenden: Weiterschwingen

• SAH Fö, S. 60
• ÜH FO, S. 22
• Das kann ich, S. 9

## Merkwörter mit Dehnungs-h schreiben

(1) Was hört ihr? Was seht ihr? Markiert. Was fällt euch auf? ⏱

> fa**h**ren   fühlen   nehmen   bohren   fehlen   führen   dehnen

(2) Schlage die Nomen nach. Schreibe sie mit bestimmten Artikeln auf. 📖  S. 26

 der Ha**h**n, S. 6

(3) Markiere den Wortstamm. Unterstreiche die Wortfamilien farbig.

> E**h**rung      wä**h**len      verehren      Zah**l**      wählerisch
>
> Vorwahl      ehrlich      zählen      bezahlen      Ehrenwort
>
> aufzählen      Wahl      ehren      verwählen      Zahlenstrahl

(4) Schreibe Wortfamilien mit den Wortstämmen. 📓  :  rad,

FAHR      WOHN

> Das **h** hörst du nicht.
> Der Wortstamm hilft
> beim Merken.

(5) Setze die Pronomen ein.

| | |
|---|---|
| Oma hat Besuch. **Ihre** _____ Enkel Tim und Mia sind da. | ihn |
| Tim richtet _____ Grüße von Mama aus. | ihr |
| Oma drückt _____ ganz fest. | ~~ihre~~ |
| Mia hat _____ Oma etwas gebastelt. | ihrer |

• SAH Fö, S. 61
• ÜH FO, S. 23

rechtschriftliche Kenntnisse anwenden: Wörter mit Dehnungs-h
schreiben; Rechtschreibhilfen nutzen: mit der Wörterliste arbeiten;
Rechtschreibstrategien anwenden: Merken

Richtig schreiben

61

## Einen Brief planen und schreiben

① Lies und erzähle.

Blumenstadt, 25.11.2025

Liebe Carlotta,

ich heiße Pauline und möchte gern

deine Brieffreundin werden.

Ich wohne in Blumenstadt und gehe in die 3. Klasse.

Mein Lieblingsfach ist Deutsch. Was ist dein Lieblingsfach?

Ich lese sehr gern. Ich habe gestern einen Comic gelesen.

Ich freue mich auf einen Brief oder

eine E-Mail an pauline@bukow.de.

Viele Grüße

deine Pauline

Pauline Bukow
Ahornweg 1
62190 Blumenstadt

85

Carlotta Mayer
Berggasse 17
90304 Talstadt

**Checkliste Brief**
Ort
Datum
Anrede
einleitender Satz
Schlusssatz
Gruß
Name

② Lies Karis Checkliste. Unterstreiche die Merkmale in Paulines Brief. △

③ Sammele weitere Formulierungen für eine Anrede,
einen Schlusssatz und einen Gruß. ▱

④ Schreibe einen Antwortbrief an Pauline. Beachte Karis Checkliste. ▱

⑤ Schreibe einen Brief an deinen Freund oder an deine Freundin. ▱

Texte verfassen    Texte planen: Schreibabsicht und Schreibsituation klären,    • SAH Fö, S. 62
Textmuster erschließen (Brief); Texte schreiben: adressaten-    • ÜH FO, S. 24
gerecht und kriteriengeleitet einen Brief schreiben

## Eine E-Mail überarbeiten

**1** Lies.

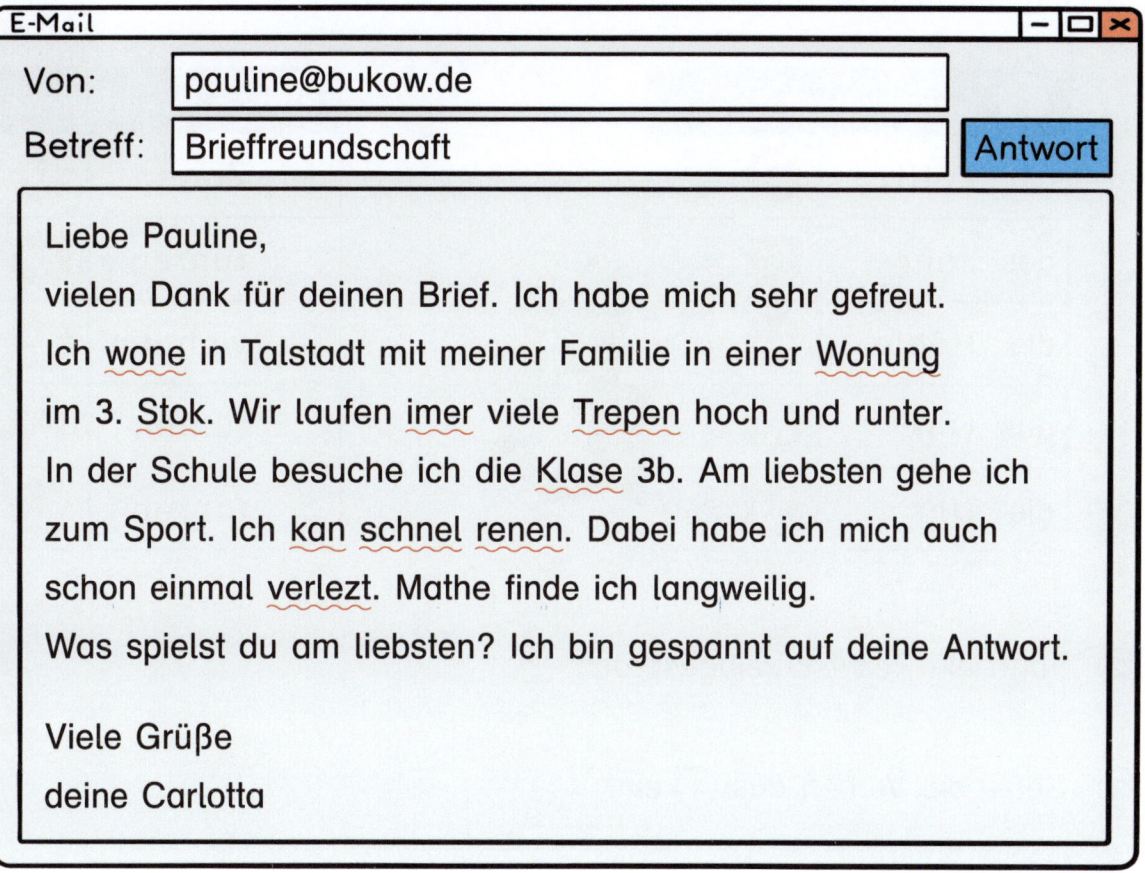

E-Mail — □ ✕

Von: pauline@bukow.de

Betreff: Brieffreundschaft   | Antwort |

Liebe Pauline,

vielen Dank für deinen Brief. Ich habe mich sehr gefreut.

Ich wone in Talstadt mit meiner Familie in einer Wonung
im 3. Stok. Wir laufen imer viele Trepen hoch und runter.
In der Schule besuche ich die Klase 3b. Am liebsten gehe ich
zum Sport. Ich kan schnel renen. Dabei habe ich mich auch
schon einmal verlezt. Mathe finde ich langweilig.
Was spielst du am liebsten? Ich bin gespannt auf deine Antwort.

Viele Grüße
deine Carlotta

**2** Nehmt die E-Mail in **1** unter die Lupe. 
Führt ein Rechtschreibgespräch.

S. 20 ——
S. 23 ——

**3** Überarbeite die E-Mail aus **1**.

**4** Nimm deinen Brief von Seite 62 unter die Lupe. 
Achte auf Karis **Checkliste.**

**5** Beschreibe den Unterschied zwischen einem Brief und einer E-Mail.

• SAH Fö, S. 63   Texte überarbeiten: Kriterien für die Überarbeitung nutzen, eigene
Texte überarbeiten; Arbeitstechniken anwenden: Texte auf Richtigkeit überprüfen (Textlupen); digitale Rechtschreibhilfen nutzen   Texte verfassen

**63**

# Forschen mit Kari und Bu

## Merkwörter mit Dehnungs-h schreiben

S. 24 **1** Lies die Wörter halblaut. Was siehst du? Was hörst du?
Markiere die Aufpass-Stelle **h**.

| 🔒 Grundwortschatz | | |
|---|---|---|
| die Zah**l** | M | ↑ |
| das Jahr | M | ↑ |
| die Höhle | M | ↑ |
| das Ohr | M | ↑ |
| die Uhr | M | ↑ |

| 🔒 Grundwortschatz | |
|---|---|
| der Zahn | M ↑ |
| rühren | M |
| wohnen | M |
| fühlen | M |
| fahren | M |

S. 23 **2** Führt ein Rechtschreibgespräch.

**3** Setze die Verben aus **1** ein.

Kari und Bu **rüh**ren _____ einen Kuchenteig.

Sie _____ mit dem Kuchen in den Urlaub.

Unterwegs _____ sie in einer Höhle.

Dort _____ sie sich wohl.

**4** Schreibe die Nomen aus **1** in verschiedenen Farben und Formen.

Zahl

Rechtschreibstrategien anwenden: Merken, Großschreibung;
Arbeitstechniken anwenden: Rechtschreibgespräch

• SAH Fö, S. 64
• ÜH FO, S. 25

## Merkwörter mit Dehnungs-h schreiben

**5** Unterstreiche die Wörter aus **1**.
Markiere die Aufpass-Stelle **h**.

> Kari schaut auf die <u>Za<mark>h</mark>l</u>en seiner Uhr.
>
> Kari und Bu fahren heute zu einer Höhle.
>
> Dort wohnen seit einem Jahr ihre beiden Freunde.
>
> Aber diese fühlen sich sehr krank.
>
> Einer hat Schmerzen am Zahn, ein anderer im Ohr.
>
> Kari und Bu rühren Honig in einen heißen Tee.

**6** Schreibe den Text aus **5** als Wendediktat.

S. 25 ———

**7** Setze die Häufigkeitswörter ein.

| | |
|---|---|
| Ich bin heute _____ glücklich. | wohl |
| Samara will mich nicht _____ ärgern. | mehr |
| Ob sie _____ ihr Versprechen hält? | sehr |
| Ich spiele nicht gerne _____ Samara. | ohne |

**8** Schreibe mit jedem Häufigkeitswort aus **7** einen Satz.

**9** Bei welchem Wort musst du dir das **h** nicht merken?
Begründe.

| Strohballen | _____ |
|---|---|
| Straßenbahn | _____ |

• SAH Fö, S. 65
• ÜH FO, S. 25

Rechtschreibstrategien anwenden: Merken, Großschreibung; rechtschriftliche Kenntnisse anwenden: Funktionswörter schreiben

Grundwortschatz

**65**

## Perfekt bilden

**1** Schreibe die Verben in den Personalformen im Perfekt auf.

|  | **gehen** |  |  |  | **lesen** |
|---|---|---|---|---|---|
| ich | | | | ich | |
| du | | | | du | |
| er | | | | sie | |
| wir | | | | wir | |
| ihr | | | | ihr | |
| sie | | | | sie | |

S. 26  **2** Bilde die Perfektform. Prüfe mit der Wörterliste. 📖

| ich renne | ich fahre | ich sage | ich finde |

S. 26  **3** Unterstreiche die Verben. Schreibe die Sätze im Perfekt. Prüfe. 📖

In der Schule <u>lernen</u> wir viele Dinge.



Wir schreiben tolle Geschichten.



😃 🙂 😐 ☹️

**Wiederholung**
**Sprache untersuchen**

Inhalte des Kapitels wiederholen,
eigenen Lernstand reflektieren

• SAH Fö, S. 66
• Das kann ich, S. 8

# Merkwörter mit Dehnungs-h schreiben M

**① Finde fünf weitere Wörter. Schreibe sie auf. Markiere h.**

| Z | B | L | A | H | M | I | Ä |
|---|---|---|---|---|---|---|---|
| A | X | G | U | Y | Ö | X | J |
| H | C | M | L | E | H | M | V |
| M | Y | B | O | H | R | E | N |
| S | T | Ö | H | N | E | N | Q |

lahm,

_____

_____

_____

**② Schreibe Wortfamilien mit den Wortstämmen.**

FÜHL : _____

_____

RÜHR : _____

_____

**③ Setze die Pronomen ein.**

Sara findet **ihre** Brille nicht.

Sie schaut in _____ Ranzen nach.

Dort findet sie _____ nicht.

Micha hilft _____ bei der Suche.

Schnell findet er _____ Brille.

Die Brille liegt in _____ Turnschuh.

| ihr |
| ~~ihre~~ |
| ihre |
| ihrem |
| ihrem |
| ihn |

S. 22

• SAH Fö, S. 67
• Das kann ich, S. 10

Inhalte des Kapitels wiederholen,
eigenen Lernstand reflektieren

Wiederholung
Richtig schreiben

STOPP

67

## Sachbezogene Gespräche führen

**(1)** Erzähle.

Büchertausch

Sachbücher   Comics   Krimis

Geschichten

**(2)** Welche Bücher interessieren dich besonders? Begründe.

**(3)** Warum tauscht man Bücher? Erkläre.

**(4)** Was ist wichtig, wenn man einen Bücherflohmarkt oder einen Büchertausch durchführen will? Präsentiere.

**5** Plant einen Bücherflohmarkt oder einen Büchertausch.

zu anderen sprechen: erzählen, informieren; mit Medien umgehen:   • SAH Fö, S. 68
von eigenen Leseerfahrungen berichten, Bücher auf Basis von
Interessen auswählen; verstehend zuhören: Hörtexte erfassen;

# Über Leseverhalten sprechen

**1** Erzähle.

Ich mag Bücher mit witzigen Comicbildern.

Ich mag Krimis und spannende Abenteuer.

Mir gefallen Sachbücher mit Texten zum Weltraum.

Ich finde Bücher toll, in denen Tiere die Hauptfiguren sind.

**2** Lies die Buchausschnitte.
Welches Buch passt zu welchem Kind aus **1**? Ordne zu und begründe.

**1**

Lumis Krallen zuckten vor Aufregung. Sie war so nah dran gewesen. So nah! Beim nächsten Mal würde sie es schaffen. Tief beugte sie sich über das Wasser, die Pfote bereit.

*Stefanie Taschinski [gekürzt]*

**2**

**3**

„Hilfe! Ein Monster!", schrie Anne. „Aber klar doch", sagte Philipp, „ein Monster in Pepper Hill, Pennsylvania!" „Lauf, Philipp!", rief Anne. Sie rannte die Straße entlang. Oh, Mann! Das hatte man davon, wenn man seine Zeit mit seiner siebenjährigen Schwester verbrachte. Für Anne gab es nichts Schöneres, als sich ständig etwas Verrücktes vorzustellen.

*Mary Pope Osborne*

**4**

Die Sonne ist riesengroß und sehr schwer. Stell sie dir so groß wie einen Hüpfball vor. Dann ist die Erde im Vergleich nur etwa so groß wie eine Erbse. Es gibt in unserem Sonnensystem zwei Arten von Planeten: die Gesteinsplaneten und die Gasplaneten.

*Christina Braun [gekürzt]*

**3** Welche Bücher aus **2** interessieren dich besonders? Begründe. △

## Fachbegriffe kennen und erklären

**1** Erklärt die Fachbegriffe. Ordnet zu.

| | |
|---|---|
| 1 | Autor / Autorin |
| 2 | Titel |
| 3 | Cover * |
| 4 | Klappentext |
| 5 | Verlag |
| | Illustrator / Illustratorin |

\* Cover – sprich: kawa

**2** Lies den Text. Setze die Fachbegriffe aus ① ein.

Die **Autorin** _____ hat das Buch geschrieben.

Vorn auf dem _____ steht der _____ des Buches.

Der _____ auf der Rückseite beschreibt

den Inhalt des Buches. Der _____ hat das Buch

hergestellt. Die _____ hat die Bilder gezeichnet.

**3** Stelle ein Buch mithilfe der Fachbegriffe aus ① vor.
Begründe, warum du dich für das Buch entschieden hast.

> Ich habe das Buch ausgewählt,
> weil mich der Titel neugierig gemacht hat.

> ...

S. 21  **4** Gebt euch Rückmeldung.

Sprechen und Zuhören

vor anderen sprechen: ein Buch vorstellen; mit Medien umgehen: Fachbegriffe nutzen (Merkmale eines Buches); verstehend zuhören: Rückmeldung geben

• SAH Fö, S. 70

# Argumente sammeln und Meinung begründen

**1** Erzähle.

Comic

Buch

Im Wald

„Hilfe! Ein Monster!", schrie Anne.
„Aber klar doch", sagte Philipp, „ein
Monster in Pepper Hill, Pennsylvania!"
„Lauf, Philipp!", rief Anne. Sie rannte
die Straße entlang.
Oh Mann! Das hatte man davon,
wenn man seine Zeit mit seiner
siebenjährigen Schwester verbrachte.
Für Anne gab es nichts Schöneres,
als sich ständig etwas Verrücktes vorzustellen. Aber Philipp war schon acht-
einhalb. Ihm waren Tatsachen lieber.
„Pass auf, Philipp! Das Monster ist
hinter dir her! Komm, wir laufen um die
Wette!"

7

**2** Würdest du den Comic oder das Buch wählen?
Warum? Notiere Gründe.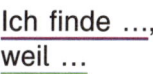

— viele Bilder

— …

Ich finde …,
weil …

**3** Präsentiere Gründe aus **2**.
Das andere Kind wiederholt deinen Grund. 👥

Ich nenne meine <u>Meinung</u> und den <u>Grund</u>:
<u>Ich finde den Comic besser</u>, <u>weil die Bilder lustig sind.</u>

Ich finde den Comic besser,
weil die Bilder lustig sind.

Dir gefällt der Comic besser,
weil du die Bilder lustig findest.

zu anderen sprechen: argumentieren; mit anderen sprechen:
eigene Meinung begründen, auf Gesprächspartnerin/Gesprächs-
partner eingehen

Sprechen und
Zuhören

## Satzarten und Satzschlusszeichen kennen

**1** Setze die Satzschlusszeichen.
Unterstreiche die Satzarten: <u>Aussagesatz</u> **.** , <u>Fragesatz</u> **?** , <u>Ausrufesatz</u> **!** .

Ich suche
einen Comic <u>.</u>

Wo stehen die
Sachbücher ___

Hier gibt es
Figuren für
die Musikbox ___
Das ist ja toll ___

**2** Lest die Sätze aus **1** betont vor.

**3** Lest den Text vor. Wo ist ein Satz zu Ende? Zeichnet einen Strich.

gestern waren wir in der Mediathek | das
war toll dort haben wir Bücher und
Spiele ausgeliehen wir konnten uns
kaum entscheiden hast du auch schon
einmal etwas ausgeliehen

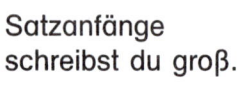

Satzanfänge
schreibst du groß.

**4** Schreibe den Text aus **3** richtig auf.
Markiere die Satzschlusszeichen und die Satzanfänge.

**Gestern waren wir in der Mediathek.**

Sprache untersuchen · sprachliche Strukturen kennen und anwenden: Satzarten kennen · SAH Fö, S. 72
(Aussagesatz, Fragesatz, Ausrufesatz), Satzschlusszeichen nut-
zen (Punkt, Fragezeichen, Ausrufezeichen)

# Satzarten und Satzschlusszeichen kennen

**1** Erzähle.

Das Bild ist toll!

Lass mich mal sehen!

Zeig mal!

**2** Lest die Sätze aus ① betont vor. Welche Satzarten entdeckt ihr? 👥

> Es gibt verschiedene **Satzarten:**
> Aussagesatz, Fragesatz, Ausrufesatz, Aufforderungssatz.
> Jeder Satz endet mit einem **Satzschlusszeichen.**
> Da sind neue Bücher. Wo sind sie? Ach da! Komm mit!

**3** Unterstreiche in ① Ausrufe und Aufforderungen.

> Bei einer Aufforderung soll jemand etwas tun.

**4** Unterstreiche Ausrufe und Aufforderungen.

| | | | |
|---|---|---|---|
| Komm mit! | Bleib stehen! | Aua! | Hurra! |
| Lass los! | Hilf mir mal! | Steh auf! | Pfui, Bella! |
| O, nein! | Na endlich! | Mach weiter! | Hör auf! |

**5** Setze die Satzschlusszeichen.
Unterstreiche Aussagesatz, Fragesatz, Ausruf und Aufforderung.

> Die Klasse 3b besucht jeden Freitag die Schulbücherei__
>
> Wo ist die Karteikarte von Leo__
>
> Toll, hier sind neue Comics__
>
> Lass mich einmal schauen__

• SAH Fö, S. 73
• ÜH FO, S. 26

sprachliche Strukturen kennen und anwenden: Satzarten kennen (Aussagesatz, Fragesatz, Ausrufesatz, Aufforderungssatz), Satzschlusszeichen nutzen (Punkt, Fragezeichen, Ausrufezeichen)

Sprache untersuchen

73

## Wörtliche Rede kennen

**(1)** Erzähle.

Ich höre eine Geschichte.

Ich leihe ein Sachbuch aus.

Ich lese den neuesten Comic.

Ich mag Märchen.

**(2)** Lest den Satz. Vergleicht ihn mit (1). Was fällt euch auf? Erzählt.

Momo sagt: „Ich höre eine Geschichte.“

Im Redebegleitsatz steht, **wer** spricht und
**wie** gesprochen wird.
Nach dem Redebegleitsatz steht ein **Doppelpunkt** : .
In der wörtlichen Rede steht, **was** jemand sagt.
Sie steht zwischen **Anführungszeichen** „ “.
Momo sagt :          „Ich höre eine Geschichte.“
Redebegleitsatz          wörtliche Rede

In einem Text schreibe ich, **wer** etwas sagt.

**(3)** Was sagen die Kinder? Schreibe die Sätze aus (1) als wörtliche Rede.

Momo sagt : „ Ich höre eine Geschichte. “

Salome sagt .

Ole sagt .

Ali sagt .

**(4)** Unterstreiche den Redebegleitsatz und die wörtliche Rede in (3).

Sprache untersuchen

sprachliche Strukturen kennen und anwenden: wörtliche Rede
und vorangestellten Redebegleitsatz kennen, Satzzeichen nutzen
(Doppelpunkt, Redezeichen)

• SAH Fö, S. 74
• ÜH FO, S. 27

74

# Ein Wortfeld für Redebegleitsätze nutzen

**1** Lies. Unterstreiche den Redebegleitsatz und die wörtliche Rede.

> <u>Salome meint</u>: <u>„Ich lese am liebsten Sachbücher."</u>
>
> Opa schreit: „Wo ist die Zeitung?"
>
> Papa jammert: „Ich lese jeden Tag 100 E-Mails."
>
> Till flüstert: „Ich kann noch gar nicht lesen."
>
> Er ruft: „Lies mir etwas vor, Oma!"

Wörter mit ähnlicher Bedeutung gehören zu einem Wortfeld.

**2** Wie sprechen die Personen in **1**? Markiere.

**3** Schreibe die Verben aus dem Wortfeld **sagen** aus **1** in der Grundform.

meinen,

**4** Sucht weitere Verben aus dem Wortfeld **sagen**.

**5** Ersetze die Verben durch passende Verben aus dem Wortfeld **sagen**. Setze die Zeichen der wörtlichen Rede.

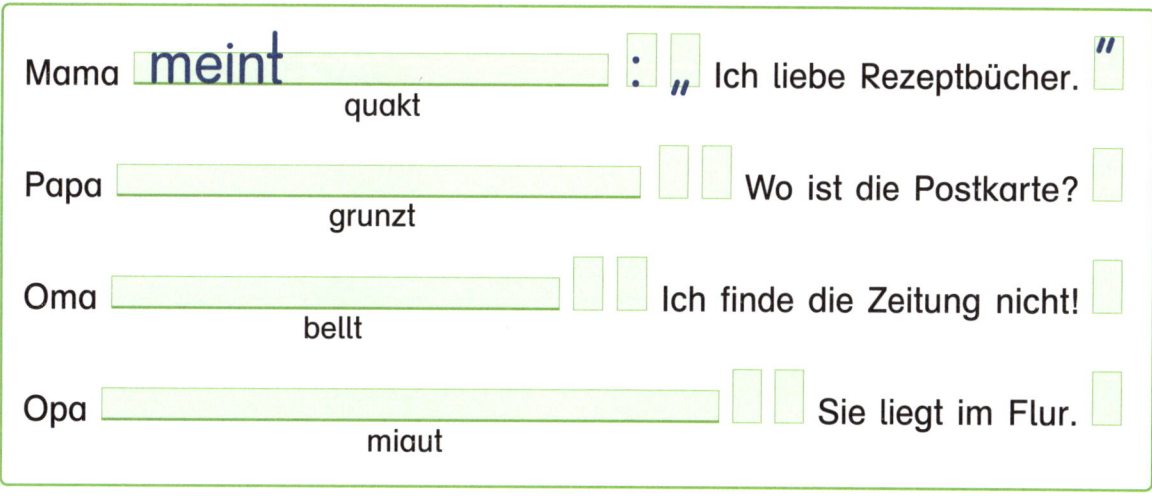

Mama **meint** quakt : „ Ich liebe Rezeptbücher. "

Papa ___ grunzt ___ Wo ist die Postkarte?

Oma ___ bellt ___ Ich finde die Zeitung nicht!

Opa ___ miaut ___ Sie liegt im Flur.

• SAH Fö, S. 75
• ÜH FO, S. 28

sprachliche Strukturen kennen und anwenden: wörtliche Rede und vorangestellten Redebegleitsatz nutzen, Satzzeichen nutzen (Doppelpunkt, Redezeichen), Wortfeld *sagen* nutzen

Sprache untersuchen

75

## Ein Wortfeld für Redebegleitsätze nutzen

**①** Welche Verben gehören zum Wortfeld **sagen**? Kreise ein.

| | | | | |
|---|---|---|---|---|
| ⟨erzählen⟩ | meinen | antworten | flüstern | erklären |
| rufen | schleichen | klagen | humpeln | bitten |
| blinzeln | behaupten | winken | fragen | murmeln |

**②** Setze passende Verben aus dem Wortfeld **sagen** ein.
Setze die Zeichen der wörtlichen Rede. Unterstreiche.

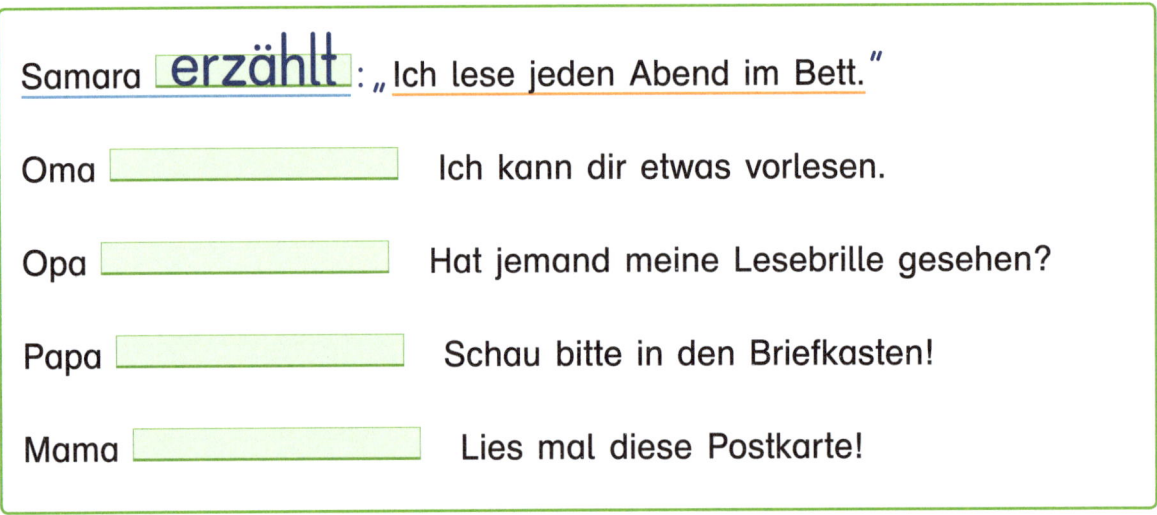

Samara __erzählt__ : „Ich lese jeden Abend im Bett.″

Oma _____ Ich kann dir etwas vorlesen.

Opa _____ Hat jemand meine Lesebrille gesehen?

Papa _____ Schau bitte in den Briefkasten!

Mama _____ Lies mal diese Postkarte!

**③** Schreibe als wörtliche Rede mit Redebegleitsatz auf.
Nutze Verben aus dem Wortfeld **sagen**. Unterstreiche.

Wo ist die Zeitung?

O, die ist im Altpapier!

Ich leihe dir das Tablet.

Oma _____

_____

_____

_____

Sprache untersuchen

sprachliche Strukturen kennen und anwenden: wörtliche Rede
und vorangestellten Redebegleitsatz nutzen, Satzzeichen nutzen
(Doppelpunkt, Redezeichen), Wortfeld *sagen* nutzen

• SAH Fö, S. 76
• ÜH FO, S. 28

76

## Wörtliche Rede nutzen

**(1)** Setze passende Verben aus dem Wortfeld **sagen** ein.
Setze die Zeichen der wörtlichen Rede. Unterstreiche.

> Frau Merk **sagt** : „Lisa, du kannst jetzt dein Buch vorstellen."
>
> Lisa _____ Ich stelle euch das Buch **Die Schlotters** vor.
>
> Sie _____ Das Buch hat Anja Ackermann geschrieben.

**(2)** Markiere die Satzschlusszeichen.

Heute lese ich ein Buch **.**

Welches liest du ?

Ich habe heute keine Hausaufgaben !

Warum ?

**(3)** Lies die Sätze aus **(2)** betont vor.
Welche Verben aus dem Wortfeld **sagen** passen? Begründe.

**(4)** Schreibe die Sätze aus **(2)** als wörtliche Rede mit Redebegleitsatz auf.
Nutze Verben aus dem Wortfeld **sagen**. Unterstreiche.

Clara meint: „Heute

• SAH Fö, S. 77
• ÜH FO, S. 29

sprachliche Strukturen kennen und anwenden: wörtliche Rede
und vorangestellten Redebegleitsatz nutzen, Satzzeichen nutzen
(Doppelpunkt, Redezeichen), Wortfeld *sagen* nutzen

Sprache untersuchen

77

## Wörtliche Rede nutzen

**(1)** Setze die Zeichen der wörtlichen Rede.

---

Niklas fragt Jamal : „Wollen wir uns heute verabreden?"

Jamal antwortet Ja, wenn ich meine Hausaufgaben fertig habe.

Niklas schlägt vor Lass uns das zusammen machen!

Jamal meint Ja, tolle Idee!

Niklas fragt Soll ich zu dir kommen, Jamal?

Jamal erwidert Ja, mein Opa backt heute Kuchen.

Niklas ruft Das finde ich super!

---

**(2)** Unterstreiche den Redebegleitsatz und die wörtliche Rede in **(1)**.

**(3)** Schreibe den Text als wörtliche Rede mit Redebegleitsatz auf.

---

Du nervst!
Immer meckerst du mich an!
Lass mich in Ruhe!
Ich habe nichts gemacht.

---

Lara

**(4)** Warum sind Redebegleitsätze in einem Text wichtig? Erkläre.

Sprache untersuchen    sprachliche Strukturen kennen und anwenden: wörtliche Rede    • SAH Fö, S. 78
und vorangestellten Redebegleitsatz nutzen, Satzzeichen nutzen    • ÜH FO, S. 29
(Doppelpunkt, Redezeichen), Wortfeld *sagen* nutzen

## Wörter mit Ä/ä ableiten

**1** Erzähle.

Warum schreibe ich **täglich** mit **ä**?

Du musst ableiten: **täglich** ist mit der **Tag** verwandt, also mit **ä**.

**2** Leite ab. Schreibe das verwandte Nomen mit **A/a** auf.

die **Ä**ste    der Ast     die Blätter _____

die Gärten _____    die Räder _____

die Schränke _____    die Mäntel _____

**3** Leite ab. Schreibe ein verwandtes Wort mit **a** auf.

n**ä**hen    die Naht     hängen _____

wählen _____    länger _____

schälen _____    zählen _____

Gibt es kein verwandtes Wort mit **a**, schreibst du **e**.

**4** **e** oder **ä**? Überprüfe mit einem verwandten Wort.

w_ä_hlen    die Wahl     kr___nklich _____

sch_e_nken    —     die F___hre _____

bl___ttern _____    erk___ltet _____

l___ndlich _____    l___nken _____

• SAH Fö, S. 79
• ÜH FO, S. 30

rechtschriftliche Kenntnisse anwenden: Wörter mit Ä/ä
schreiben, verwandte Wörter finden; Rechtschreibstrategien
anwenden: Ableiten

Richtig schreiben

**79**

## Wörter mit äu ableiten

**(1)** Erzähle.

Warum schreibe ich **schäumen** mit **äu**?

Du musst ableiten: sch**äu**men ist mit der Sch**au**m verwandt, also mit **äu**.

**(2)** Leite ab. Schreibe das verwandte Nomen mit **au** auf.

die H**äu**ser  das Haus die Mäuse

die Sträucher die Kräuter

die Räume die Zäune

**(3)** Leite ab. Schreibe ein verwandtes Wort mit **au** auf.

sch**äu**men  der Schaum träumen

räumen säubern

einzäunen räuchern

Gibt es kein verwandtes Wort mit **au**, schreibst du **eu**.

**(4)** **eu** oder **äu**? Überprüfe mit einem verwandten Wort.

l**äu**ten  laut br____nlich

die B____le t____er

das F____er der K____fer

rechtschriftliche Kenntnisse anwenden: Wörter mit äu schreiben, verwandte Wörter finden; Rechtschreibstrategien anwenden: Ableiten

• SAH Fö, S. 80
• ÜH FO, S. 30

# Eine Geschichte mit wörtlicher Rede planen und schreiben

**①** Erzähle die Geschichte.

**②** Wie sprechen die Personen in **①**? Erzähle.

Chester ruft.

**③** Schreibe Wörter aus dem Wortfeld **sagen**, die zu **①** passen.

## Eine Geschichte mit wörtlicher Rede planen und schreiben

① Schreibe die Sprechblasen als wörtliche Rede mit Redebegleitsatz auf.
Nutze Verben aus dem Wortfeld **sagen**.

Hey, Jungs! So eine Überraschung!

Chester ruft:

Hallo, Chester!

Bob

Was verschafft mir die Ehre?

Chester

Eine wichtige Frage ...

Peter

Justus

Du hast doch heute Morgen eigenhändig die Kirschen gepflückt. Ist dir dabei irgendetwas seltsam vorgekommen?

Tja, äh ...

Chester

② Schreibe den Comic von Seite 81 als Geschichte.
Verwende wörtliche Rede aus ①.
Die drei ??? klopfen an Chesters Zimmertür. Chester ruft:
„Hey, Jungs! So eine Überraschung!"

**Checkliste Geschichte**
– sinnvolle Reihenfolge
– passende Überschrift
– passende Verben
– wörtliche Rede

Texte verfassen

Texte planen: Schreibabsicht und Schreibsituation klären; Texte schreiben: kriteriengeleitet eine Geschichte schreiben, wörtliche Rede nutzen

• SAH Fö, S. 82

# Eine Geschichte überarbeiten 🖥️

**(1)** Lies die Geschichte. Was fällt dir auf? Erzähle. △

---

Ein neuer Fall

Seit heute Morgen ermitteln die drei ??? in einem neuen Fall.

Sie möchten dem Täter auf die Spur kommen. Deshalb klopfen

die Freunde bei einem jungen Mann namens Chester.

Von ihm erhoffen sie sich Informationen, um den rätselhaften

Fall aufzuklären. Chester öffnet die Tür und sieht die drei Detektive.

Er ~~sagt~~ *ruft*: „Hey, Jungs! So eine Überraschung!"

Bob sagt: „Hallo, Chester!" Chester kommt zu den Freunden auf den

Flur und schließt die Tür. Er sagt: „Was verschafft mir die Ehre?"

Peter sagt: „Eine wichtige Frage..." Justus sagt: „Du hast doch heute

Morgen eigenhändig die Kirschen gepflückt. Ist dir dabei irgendetwas

seltsam vorgekommen?" Chester räuspert sich. Er sagt: „Tja, äh ..."

---

**(2)** Nehmt die Geschichte in (1) unter die Lupe. 🖥️ 👥 S. 20
Achtet auf **passende Verben** aus dem Wortfeld **sagen**. Überarbeite in (1).

**(3)** Nimm deine Geschichte von Seite 82 unter die Lupe. 🖥️
Achte auf **passende Verben** aus dem Wortfeld **sagen**. Überarbeite. 📓

**(4)** Nimm deine Geschichte von Seite 82 unter die Lupe. 🖥️
Achte auf Zeichen der **wörtlichen Rede**. Überarbeite. 📓

---

• SAH Fö, S. 83
• ÜH FO, S. 31

Texte überarbeiten: Kriterien für die Überarbeitung nutzen (Wortfeld, wörtliche Rede), eigene Texte überarbeiten; Arbeitstechniken
anwenden: Texte auf Richtigkeit überprüfen (Textlupen)

**Texte verfassen**

# Forschen mit Kari und Bu

## Wörter mit Ä/ä und äu ableiten

S. 24 **1** Schwinge die Wörter. Markiere die Aufpass-Stellen **Ä/ä** und **äu**.

| 🔒 Grundwortschatz | | |
|---|---|---|
| die Ärzte | 🟠 | 🔵 |
| die Wärme | 🟠 | 🔵 |
| das Gepäck | 🟠 | 🔵 |
| das Gebäude | 🟠 | 🔵 |
| die Wände | 🟠 | 🔵 |

| 🔒 Grundwortschatz | |
|---|---|
| er zählt | 🟠 |
| sie läutet | 🟠 |
| sie räumt | 🟠 |
| es fängt | 🟠 |
| erkältet | 🟠 |

S. 23 **2** Führt ein Rechtschreibgespräch. 👥

**3** Leite die Nomen aus **1** ab.

die Ärzte – der Arzt,

**4** Leite die Verben und das Adjektiv aus **1** ab. Setze ein.

fängt:   Kari und Bu **fangen**          Schneeflocken.

erkältet:   Doch langsam wird es ihnen zu _____.

räumt:   Schnell gehen sie in einen warmen _____.

läutet:   Bu ruft _____, dass er mehr Flocken hatte als Kari.

zählt:   Doch Kari meint, 95 ist eine größere _____ als 12.

Grundwortschatz     Rechtschreibstrategien anwenden: Ableiten, Großschreibung;     • SAH Fö, S. 84
Arbeitstechniken anwenden: Rechtschreibgespräch     • ÜH FO, S. 32

## Wörter mit Ä/ä und äu ableiten

**5** Unterstreiche die Wörter aus **1**.
Markiere die Aufpass-Stellen **Ä/ä** und **äu**.

> Die Bücherei ist in einem hohen Geb<mark>äu</mark>de.
>
> In diesem Haus arbeiten auch Ärzte.
>
> Hier läutet keine Schulglocke.
>
> In dieser Wärme ist niemand erkältet.
>
> Die Wände sind voller Regale.
>
> Momo zählt die Bücher lieber nicht.
>
> Sie räumt ihr Gepäck in ein Fach.
>
> Ole fängt eine Fliege.

**6** Schreibe den Text aus **5** als Wendediktat. 📖

S. 25 ——

**7** Setze die Häufigkeitswörter ein.

| | |
|---|---|
| Kari und Bu sind schon _____ verreist. | bereits |
| Sie packen _____ einige Tage früher ihre Koffer. | bisschen |
| Ein Buch kommt _____ auch ins Gepäck. | oft |
| Sie sind immer ein _____ nervös. | zuletzt |

**8** Schreibe mit jedem Häufigkeitswort aus **7** einen Satz. 📖

**9** Wie schreibst du diese Wörter? Setze ein und begründe.

| h____fig | _____ |
|---|---|
| fr____ndlich | _____ |

• SAH Fö, S. 85
• ÜH FO, S. 32

Rechtschreibstrategien anwenden: Ableiten, Großschreibung;
rechtschriftliche Kenntnisse anwenden: Funktionswörter schreiben

Grundwortschatz

**85**

## Wörtliche Rede nutzen

**(1)** Unterstreiche den Redebegleitsatz und die wörtliche Rede.

> Clara fragt: „Darf ich heute mein neues Buch in der Klasse zeigen?"
>
> Herr Tonte antwortet: „Das kannst du gleich machen."
>
> Clara jubelt: „Super!"

**(2)** Setze die Zeichen der wörtlichen Rede.
Unterstreiche den Redebegleitsatz und die wörtliche Rede.

> Herr Tonte sagt Ole, jetzt bist du dran!
>
> Ole sagt Ich habe mein Buch leider vergessen.
>
> Herr Tonte fragt Wer von euch könnte stattdessen vorstellen?
>
> Cleo schlägt vor Ich kann das gern übernehmen.

**(3)** Schreibe als wörtliche Rede mit Redebegleitsatz auf.
Nutze Verben aus dem Wortfeld **sagen**. Unterstreiche.

Ich möchte in Ruhe lesen.

Ich suche ein Rezept.

Ich soll eine Geschichte lesen.

**86**

**Wiederholung**
**Sprache untersuchen**

Inhalte des Kapitels wiederholen,
eigenen Lernstand reflektieren

• SAH Fö, S. 86
• Das kann ich, S. 11, 12

# Wörter mit Ä/ä und äu ableiten

**1** Leite ab. Schreibe ein verwandtes Wort mit **A/a** auf.

einf**ä**rben [_____]      Gräser [_____]

Ärmel [_____]      schädlich [_____]

schätzen [_____]      nähen [_____]

kämmen [_____]      schälen [_____]

stämmig [_____]      gefährlich [_____]

**2** Leite ab. Schreibe ein verwandtes Wort mit **au** auf.

Ger**äu**sch [_____]      Räuber [_____]

Verkäufer [_____]      gläubig [_____]

verträumt [_____]      Läuferin [_____]

gräulich [_____]      säubern [_____]

**3** Setze **e** oder **ä**, **eu** oder **äu** ein.

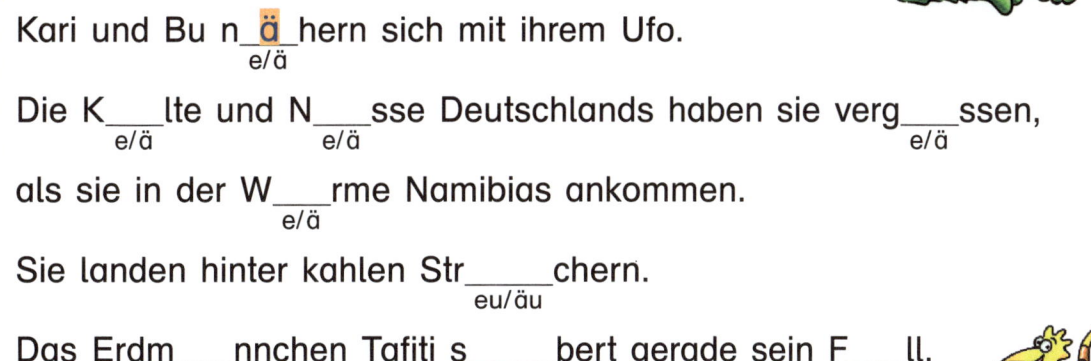

Kari und Bu n_**ä**_hern sich mit ihrem Ufo.
e/ä

Die K___lte und N___sse Deutschlands haben sie verg___ssen,
e/ä   e/ä   e/ä

als sie in der W___rme Namibias ankommen.
e/ä

Sie landen hinter kahlen Str_____chern.
eu/äu

Das Erdm___nnchen Tafiti s_____bert gerade sein F___ll.
e/ä   eu/äu   e/ä

Es l___ckt seine Pfoten ab.
e/ä

S. 22

• SAH Fö, S. 87
• Das kann ich, S. 13

Inhalte des Kapitels wiederholen,
eigenen Lernstand reflektieren

Wiederholung
Richtig schreiben

STOPP

87

# Im Herbst

## Ein Rondell planen

**1** Lest das Rondell. Was fällt euch auf? Erzählt.

> **Die Eule**
>
> 1 Dunkelheit macht ihr nichts aus.
>
> 2 Lautlos fliegt sie durch ihr Revier.
>
> 3 Man sieht sie nicht – und doch ist sie da.
>
> 4 Dunkelheit macht ihr nichts aus.
>
> 5 Von weit oben hat sie alles im Blick.
>
> 6 Sie wacht über die Tiere im Wald.
>
> 7 Dunkelheit macht ihr nichts aus.
>
> 8 Lautlos fliegt sie durch ihr Revier.
>
> *Steffi Lang*

**2** Unterstreiche gleiche Sätze in **1** farbig.

**3** Wie ist ein Rondell aufgebaut? Zeichnet.

Ein Rondell ist ein Gedicht mit einem bestimmten Aufbau.

Es wird kälter.

Im Herbst

**4** Warum ist das Rondell ein Gedicht? Erkläre.

**5** Sammele Ideen für ein Rondell.

# Ein Rondell schreiben

**(1)** Schreibe ein eigenes Rondell. Nutze deine Ideen von Seite 88.

1

2

3

4

5

6

7

8

**(2)** Gestalte dein Gedicht.

> Ein Vers ist eine
> Zeile im Gedicht.

**(3)** Übt eure Gedichtvorträge.
Nehmt auf.

**(4)** Präsentiere dein Gedicht.

**(5)** Gebt euch Rückmeldung.

**Checkliste Rondell**
– 8 Verse
– ein Satz in jedem Vers
– Verse 1, 4 und 7 sind gleich
– Verse 2 und 8 sind gleich
– Überschrift passt zum Thema

S. 22

S. 21

## Ein Rondell überarbeiten

**(1)** Lies das Rondell.

> ### Der Drachentanz
>
> 1 Drachen tanzen in der Luft.
>
> 2 Sie treffen sich am Himmel.
>
> 3 Drachen tanzen in der Luft.
>
> 4 Fröhlich zeigen sie ihr Kleid.
>
> 5 Sie drehen sich im Kreise.
>
> 6 Farbenpracht in grauer Zeit.
>
> 7 Drachen tanzen.
>
> 8 Sie treffen sich am Himmel.
>
> 9 Drachen tanzen in der Luft.
>
> *Steffi Lang*

— S. 20 **(2)** Nehmt das Rondell in **(1)** unter die Lupe.
Beachtet Karis **Checkliste**.

> **Checkliste Rondell**
> – 8 Zeilen
> – ein Satz in jeder Zeile
> – Zeilen 1, 4 und 7 sind gleich
> – Zeilen 2 und 8 sind gleich
> – Überschrift passt zum Thema

90   Texte verfassen   Texte überarbeiten: Kriterien für die Überarbeitung nutzen;   • SAH Fö, S. 90
Arbeitstechniken anwenden: Texte auf Richtigkeit überprüfen
(Textlupen)

## Ein Rondell überarbeiten

**1** Schreibe das überarbeitete Rondell von Seite 90 auf. Gestalte.

**2** Nimm dein Rondell von Seite 89 unter die Lupe.
Beachte Karis **Checkliste**. Überarbeite.

S. 20 ——

**3** Übt eure Gedichtvorträge. Nehmt auf.

**4** Präsentiere dein Gedicht.

S. 22 ——

**5** Gebt euch Rückmeldung.

S. 21 ——

• SAH Fö, S. 91     Texte überarbeiten: Kriterien für die Überarbeitung nutzen;     **Texte verfassen**
Arbeitstechniken anwenden: Texte auf Richtigkeit überprüfen
(Textlupen); vor anderen sprechen: Gedicht vortragen     **91**

## Gedichtmerkmale kennen

① Lies das Gedicht. Erzähle.

**In der Neujahrsnacht**

Die Kirchturmglocke
schlägt zwölfmal Bumm.
Das alte Jahr ist wieder mal um.

Die Menschen können sich in den Gassen
vor lauter Übermut gar nicht mehr fassen.
Sie singen und springen umher wie die Flöhe
und werfen die Mützen in die Höhe.

Der Schornsteinfegergeselle Schwerzlich
küsst Konditor Krause recht herzlich.
Der alte Gendarm brummt heute sogar
ein freundliches: Prosit zum neuen Jahr.

*Joachim Ringelnatz (1883 – 1934)*

② Wie viele Strophen hat das Gedicht aus ①?
Wie viele Verse hat jede Strophe? Erklärt.

Strophen sind die Abschnitte in einem Gedicht. Ein Vers ist eine Zeile der Strophe.

③ Markiert die Reimwörter in jeder Strophe in ①.

④ Lerne das Gedicht auswendig. Trage es vor.
Achte auf Hervorhebungen.

⑤ Was wünschst du dir für das neue Jahr? Schreibe auf.

Sprechen und
Zuhören

vor anderen sprechen: Gedicht vortragen, Redeweise (Hervorhebungen) adressaten- und situationsgerecht wählen

• SAH Fö, S. 92

## Mit Schrift gestalten

**(1)** Erzähle.

**(2)** Was ist das Besondere an den Schriftzügen? Erzähle.

**(3)** Plane deine Karte.

Ich zeichne leichte Hilfslinien mit Bleistift.

**(4)** Gestalte deine Karte mit deinem Schriftzug.
Du kannst auch ein Tablet nutzen.

| Kapitel | Sprechen und Zuhören | Sprache untersuchen |
|---|---|---|
| **Willkommen** | **S. 4**: zu anderen sprechen: erzählen; mit anderen sprechen: Gespräche führen; Gesprächsregeln entwickeln und beachten; verstehend zuhören: Hörtexte erfassen | **S. 6**: sprachliche Begriffe kennen und anwenden: Alphabet; sprachliche Strukturen anwenden: Wörter ordnen (Alphabet) |
| **In der Schule** | **S. 8/9**: zu anderen sprechen: von Erlebnissen berichten; mit anderen sprechen: Gesprächsregeln entwickeln, beachten; verstehend zuhören: Hörtexte erfassen; Zuhörstrategien nutzen | **S. 10–17/26**: sprachliche Begriffe und Strukturen kennen und anwenden: Nomen (Substantiv) kennen, abstrakte Nomen (Substantive) kennen, Einzahl (Singular) und Mehrzahl (Plural) kennen, Wortbausteine -ung, -heit, -keit kennen, zusammengesetzte Nomen (Substantive) kennen, Grund- und Bestimmungswort kennen, Möglichkeiten der Wortbildung kennen; Rechtschreibstrategien anwenden: Nomen großschreiben; **S. 26**: eigenen Lernstand reflektieren |
| **In der Natur** | **S. 28–31**: zu anderen sprechen: erzählen, Erzählstrukturen kennen und umsetzen (Reihenfolge); mit anderen sprechen: Gesprächsregeln anwenden, wertschätzend Rückmeldung geben; vor anderen sprechen: mithilfe von Stichworten ein Thema vorstellen, Informationen nach Oberbegriffen strukturieren, mithilfe einer Gliederung (roter Faden) einen Vorgang beschreiben, szenisch spielen, reflektieren; verstehend zuhören: Hörtexte erfassen | **S. 32–38/46**: sprachliche Strukturen kennen und anwenden: Personalpronomen kennen und anwenden, Personalformen von Verben (regelmäßig, unregelmäßig) kennen und anwenden, Präsens kennen, Vorsilben kennen; Möglichkeiten der Wortbildung nutzen (Wortbausteine); **S. 46**: eigenen Lernstand reflektieren |
| **Gemeinsam leben** | **S. 48–51**: zu anderen sprechen: erzählen, Wirkungen der Redeweise kennen und beachten (Körpersprache); mit anderen sprechen: über Gefühle sprechen, auf andere eingehen, Konflikte lösen; vor anderen sprechen: szenisch spielen; Unterschiede gesprochener und geschriebener Sprache kennen; verstehend zuhören: Hörtexte erfassen | **S. 52–55/66**: sprachliche Strukturen kennen und anwenden: Perfekt kennen und bilden; **S. 66**: eigenen Lernstand reflektieren |
| **Zeit zum Lesen** | **S. 68–71**: zu anderen sprechen: erzählen, informieren, argumentieren, Inhalte mit Fachbegriffen beschreiben (Buchgenres); mit anderen sprechen: eigene Meinung begründen, auf Beiträge anderer eingehen; vor anderen sprechen: Buch vorstellen; verstehend zuhören: Hörtexte erfassen, Rückmeldung geben; mit Medien umgehen: von eigenen Leseerfahrungen berichten, Bücher auf Basis von Interessen auswählen | **S. 72–78/86**: sprachliche Strukturen kennen und anwenden: Satzarten kennen (Aussagesatz, Fragesatz, Ausrufesatz, Aufforderungssatz), Satzzeichen nutzen (Punkt, Fragezeichen, Ausrufezeichen, Doppelpunkt, Redezeichen), wörtliche Rede und vorangestellten Redebegleitsatz kennen, Wortfeld *sagen* nutzen; **S. 86**: eigenen Lernstand reflektieren |
| **Durch das Jahr** | **S. 89/91/92**: vor anderen sprechen: Gedicht vortragen, Redeweise (Hervorhebungen) adressaten- und situationsgerecht wählen | |

| Richtig schreiben | Texte verfassen | Digitale Kompetenzen  BNE |
|---|---|---|
| **S. 7**: sprachliche Strukturen kennen und anwenden: offene und geschlossene Silben kennen und anwenden, Wörter mit ie und i schreiben; Rechtschreibstrategien anwenden: Mitsprechen | **S. 5**: Abschreibtechniken kennen und anwenden: Abschreibtechnik nutzen, leserlich schreiben; Texte schreiben: eine Erzählung schreiben | |
| **S. 18–21/24/25/27**: rechtschriftliche Kenntnisse anwenden: Wörter mit silbentrennendem h schreiben, Wörter mit vokalisiertem r schreiben, Wörter nach Sprechsilben am Zeilenende trennen; Rechtschreibstrategien anwenden: Mitsprechen, Weiterschwingen, Großschreibung; **S. 24/25**: rechtschriftliche Kenntnisse anwenden: Funktionswörter schreiben; Arbeitstechnik: Rechtschreibgespräch; **S. 27**: eigenen Lernstand reflektieren | **S. 22/23**: Texte planen: Schreibziel klären, Ideen entwickeln, Inhalte strukturieren; Texte schreiben: Wissen über Textsorten anwenden, eine Erzählung schreiben; Texte überarbeiten: Kriterien für die Überarbeitung nutzen, eigene Texte überarbeiten; Arbeitstechniken anwenden: Texte auf Richtigkeit überprüfen (Textlupen) | |
| **S. 39–41/44/45/47**: rechtschriftliche Kenntnisse anwenden: Wörter mit Auslautverhärtung (t/d, k/g, p/b, β/s) schreiben; Rechtschreibstrategien anwenden: Weiterschwingen, Großschreibung; **S. 44/45**: rechtschriftliche Kenntnisse anwenden: Funktionswörter schreiben; Arbeitstechnik: Rechtschreibgespräch; **S. 47**: eigenen Lernstand reflektieren | **S. 42/43**: Texte planen: Textmuster erschließen (Rezept), Textfunktion klären; Texte schreiben: Rezept nach Mustern schreiben; Texte überarbeiten: Kriterien für die Überarbeitung nutzen, eigene Texte überarbeiten; Arbeitstechniken anwenden: Texte auf Richtigkeit überprüfen (Textlupen) | **S. 42**: 🌐 3: Gesundheit und Wohlergehen |
| **S. 56–61/64/65/67**: rechtschriftliche Kenntnisse anwenden: Wörter mit Doppelkonsonanz, ck, tz schreiben, Wörter mit Dehnungs-h schreiben; Rechtschreibhilfen nutzen: mit der Wörterliste arbeiten; Rechtschreibstrategien anwenden: Mitsprechen, Weiterschwingen, Merken; **S. 64/65**: rechtschriftliche Kenntnisse anwenden: Funktionswörter schreiben; Arbeitstechnik: Rechtschreibgespräch; **S. 67**: eigenen Lernstand reflektieren | **S. 62/63**: Texte planen: Schreibabsicht und Schreibsittion klären; Textmuster erschließen (Brief); Texte schreiben: adressatengerecht und kriteriengeleitet einen Brief schreiben; Texte überarbeiten: Kriterien für die Überarbeitung nutzen, eigene Texte überarbeiten; Arbeitstechniken anwenden: Texte auf Richtigkeit überprüfen (Textlupen) | **S. 51**: 🌐 16: Frieden Gerechtigkeit und starke Institutionen; **S. 63**: E-Mail-Programm als Schreibwerkzeug nutzen, digitale Rechtschreibhilfen nutzen |
| **S. 79/80/84/85/87**: rechtschriftliche Kenntnisse anwenden: Wörter mit ä und äu schreiben, verwandte Wörter finden; Rechtschreibstrategien anwenden: Ableiten; **S. 84/85**:rechtschriftliche Kenntnisse anwenden: Funktionswörter schreiben; Arbeitstechnik: Rechtschreibgespräch; **S. 87**: eigenen Lernstand reflektieren | **S. 81–83**: Texte planen: Methoden zum Sammeln und Ordnen von Wortmaterial anwenden, Schreibabsicht und Schreibsituation klären; Texte schreiben: kriteriengeleitet eine Geschichte schreiben, wörtliche Rede nutzen; Texte überarbeiten: Kriterien für die Überarbeitung nutzen (Wortfeld, wörtliche Rede), eigene Texte überarbeiten; Arbeitstechniken anwenden: Texte auf Richtigkeit überprüfen (Textlupen) | **S. 68**: 🌐 12: nachhaltige/r Konsum und Produktion |
| | **S. 88/89**:Texte planen/schreiben: Rondell nach Mustern schreiben; **S. 90/91**: Texte überarbeiten: Kriterien für die Überarbeitung nutzen; Arbeitstechniken anwenden: Texte auf Richtigkeit überprüfen (Textlupen); **S. 93**: über Schreibfertigkeiten verfügen: Texte mit Schrift gestalten | **S. 93**: mit Medien umgehen: digitale Werkzeuge nutzen |

## Bildquellenverzeichnis

|Blue Ocean Entertainment AG, Stuttgart: Die Drei ??? Kids Fußball Ferien Freunde! - Christian Hector, Björn Springorum, Stuttgart: Franckh-Kosmos Verlags-GmbH & Co. KG 69.2. |Ciecimirski, Michael, Braunschweig: 4.1, 6.1, 6.2, 6.3, 6.4, 6.5, 6.6, 8.1, 9.1, 9.2, 9.3, 14.1, 16.1, 18.1, 19.1, 19.3, 20.1, 21.1, 22.1, 23.1, 23.2, 28.1, 29.1, 29.2, 30.1, 30.2, 30.3, 31.1, 31.2, 31.3, 31.4, 31.5, 31.7, 31.8, 32.1, 33.1, 34.2, 36.1, 37.2, 37.3, 39.1, 40.1, 41.7, 42.1, 42.2, 42.3, 42.4, 42.5, 42.6, 42.7, 42.8, 42.9, 43.1, 43.2, 43.3, 43.4, 57.5, 63.1, 63.2, 70.4, 70.5, 89.3, 89.4, 91.2, 91.3 | Doering, Svenja, Köln: Titel, Titel, Titel, Titel, 1.1, 2.1, 3.1, 5.1, 6.7, 6.14, 7.1, 7.2, 7.3, 9.4, 10.1, 11.1, 11.2, 12.1, 13.1, 14.2, 14.3, 15.1, 18.2, 19.2, 20.2, 20.3, 21.3, 22.2, 22.3, 23.3, 23.4, 24.1, 24.2, 26.1, 27.7, 29.3, 31.6, 34.1, 35.1, 37.1, 38.1, 38.2, 40.2, 40.3, 42.10, 43.5, 44.1, 44.2, 45.1, 47.1, 48.2, 49.2, 49.3, 50.2, 52.2, 53.1, 53.2, 55.1, 56.8, 56.9, 56.11, 57.1, 59.6, 61.7, 62.2, 62.3, 63.3, 63.4, 64.1, 64.2, 65.3, 66.1, 67.1, 68.2, 68.3, 70.3, 71.3, 72.2, 73.2, 74.4, 75.1, 79.2, 80.2, 81.1, 82.1, 82.2, 83.1, 84.1, 84.2, 85.1, 87.1, 87.2, 88.1, 88.2, 88.3, 89.1, 89.2, 90.1, 90.2, 90.3, 91.1, 92.1, 92.2, 93.1, 93.2, |Jungkeit, Gaby, Hofheim: 21.2, 47.2, 48.1, 49.1, 50.1, 50.3, 51.1, 51.2, 51.3, 51.4, 51.5, 51.6, 52.1, 54.1, 56.1, 58.1, 59.1, 60.1, 62.1, 62.4, 67.2, 68.1, 68.4, 68.5, 69.1, 71.4, 71.5, 72.1, 73.1, 74.1, 74.2, 74.3, 76.1, 76.2, 77.1, 77.2, 77.3, 78.1, 79.1, 80.1, 86.1, 88.4 | Loewe Verlag GmbH, Bindlach: Das magische Baumhaus 1. Im Tal der Dinosaurier. Mary Pope Osborne, Illustration von Jutta Knipping. Loewe Verlag GmbH 2000, Cover, U4 70.1, 70.2, 71.1; Das magische Baumhaus 1. Im Tal der Dinosaurier. Mary Pope Osborne, Illustration von Jutta Knipping. Loewe Verlag GmbH 2000, S. 11 71.2. |Reimers, Silke, Mainz: 1.2, 1.3, 1.4, 2.2, 2.3, 2.4, 6.8, 6.9, 6.11, 6.12, 6.13, 17.1, 25.1, 27.1, 27.2, 27.3, 27.4, 27.5, 27.6, 41.1, 41.2, 41.3, 41.4, 41.5, 41.6, 56.2, 56.3, 56.4, 56.5, 56.6, 56.7, 56.10, 57.2, 57.3, 57.4, 57.6, 57.7, 57.8, 57.9, 57.10, 57.11, 57.12, 57.13, 57.14, 57.15, 57.16, 57.17, 57.18, 57.19, 57.20, 57.21, 58.2, 58.3, 58.4, 58.5, 58.6, 58.7, 59.2, 59.3, 59.4, 59.5, 60.2, 60.3, 60.4, 60.5, 61.1, 61.2, 61.3, 61.4, 61.5, 61.6, 65.1, 65.2.

## Textquellenverzeichnis

**S. 69**: Taschinski, Stefanie: Funkenwald. Verlag Friedrich Oetinger GmbH, Hamburg 2015; Hector, Christian und Springorum, Björn: Die drei ??? Kids. Fußball, Ferien, Freunde! Franckh-Kosmos Verlags-GmbH & Co. KG, Stuttgart 2021; Osborne, Mary Pope und Rahn, Sabine: Das magische Baumhaus. Im Tal der Dinosaurier, Loewe Verlag GmbH 2000; Braun, Christina: WAS IST WAS Erstes Lesen Band 2. Planeten, Tessloff Verlag 2018; **S. 71**: Claus, Calle und Ferreira, Oliver: Die drei ??? Kids. Das Kirsch-Komplott. Franckh-Kosmos Verlags-GmbH & Co. KG, Stuttgart 2024; Osborne, Mary Pope und Rahn, Sabine: Das magische Baumhaus. Im Tal der Dinosaurier, Loewe Verlag GmbH 2000; **S. 81, 82**: Claus, Calle und Ferreira, Oliver: Die drei ??? Kids. Das Kirsch-Komplott. Franckh-Kosmos Verlags-GmbH & Co. KG, Stuttgart 2024.

## Spracharbeitsheft 3 B

**Erarbeitet von**

Elena Bader, Astrid Eichmeyer,
Andrea Warnecke, Sabine Willmeroth

**Illustriert von**

Michael Ciecimirski, Svenja Doering,
Gaby Jungkeit, Silke Reimers

westermann

# Inhaltsverzeichnis

## Was diese Zeichen bedeuten:

🧍🧍 Wir arbeiten zu zweit.

🧍🧍🧍 Wir arbeiten in einer Gruppe.

💬 Murmelrunde

△ Ich – Du – Wir

📓 Ich bearbeite die Aufgabe in meinem Schreibheft.

📖 Ich schlage in der Wörterliste nach.

🔍 Ich recherchiere in Büchern oder im Internet.

🔎 Ich nehme den Text unter die Lupe.

— s.2 Ich kann in meinem Kari-Heft nachschlagen.

🚩 Ich arbeite im Das kann ich-Heft weiter.

## So kannst du die QR-Codes verwenden:

Anforderungsbereiche: ◯ 1 ◯ 2 ◯ 3 ▢ binnendifferenziert

• Spracharbeitsheft Fö (SAH Fö)  Kompetenzen der Seite; digitale Kompetenzen  ;  Kompetenzbereich
• Arbeitsheft Inklusiv (Wir-Heft B)  Bildung für nachhaltige Entwicklung  ;
• Übungsheft Fordern (ÜH FO)   interaktive Übungen

99

## Über Medien sprechen

**(1)** Erzähle.

heute

früher

**(2)** Welche Medien kennst du?
Wofür nutzt du sie? Erzähle.

**3** Wie haben sich die Medien verändert?

◯ Vergleiche in (1). ◯ Befrage. ◯ Schreibe.

zu anderen sprechen: erzählen, berichten; mit Medien umgehen:    • SAH Fö, S. 100
über Medienerfahrung berichten ▢; verstehend zuhören:
Hörtexte erfassen, gezielt nachfragen

# Ein Interview führen

**(1)** Erzähle.

Wir beachten die Gesprächsregeln.

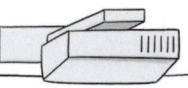

Ablauf: Interview
1. Wir stellen uns vor.
2. Wir nennen das Thema.
3. Wir stellen Fragen.
4. Wir bedanken uns.

Ich zeige, dass ich aufmerksam zuhöre.

**(2)** Clara und Kari haben sich Fragen für ein Interview überlegt.
Beantwortet die Fragen. Vergleicht.

**Offene Fragen**
- Wie lange darfst du am Tablet spielen?
- Welche Spiele spielst du am liebsten?

**Geschlossene Fragen**
- Spielst du täglich am Tablet?
- Darfst du Kartenspiele am Tablet spielen?

Offene Fragen beginnen mit einem Fragewort.

**(3)** Überlegt euch weitere offene Fragen für das Interview.
Schreibt auf. Was spielst du am liebsten?

| Was? | Wofür? | Wo? | Wie? |

**(4)** Führt das Interview durch.

**(5)** Warum ist das aufmerksame Zuhören bei einem Interview wichtig?
Erkläre.

• SAH Fö, S. 101

mit anderen sprechen: Interview durchführen ▣,
offene/geschlossene Fragen kennen und nutzen;
verstehend zuhören: Zuhörregeln anwenden, reflektieren

Sprechen und
Zuhören 101

# Argumente sammeln und vorstellen

**①** Lies die Argumente für Bücher und für Hörbücher. Erzähle.

Ich lese lieber Bücher, weil ich sie überall lesen kann.

Ich höre lieber Hörbücher, weil Geräusche und Musik die Geschichte spannender machen.

Argumente sind Gründe für eine Meinung.

**②** Male die Argumente ⬤ für Bücher und ⬤ für Hörbücher an.

○ überall lesen

○ nehmen weniger Platz ein

○ verschiedene Stimmen

○ Geräusche und Musik

○ Lesen üben

○ in eigenem Tempo lesen

**③** Findest du Bücher oder Hörbücher besser?
Begründe deine Meinung mit Argumenten aus ②.

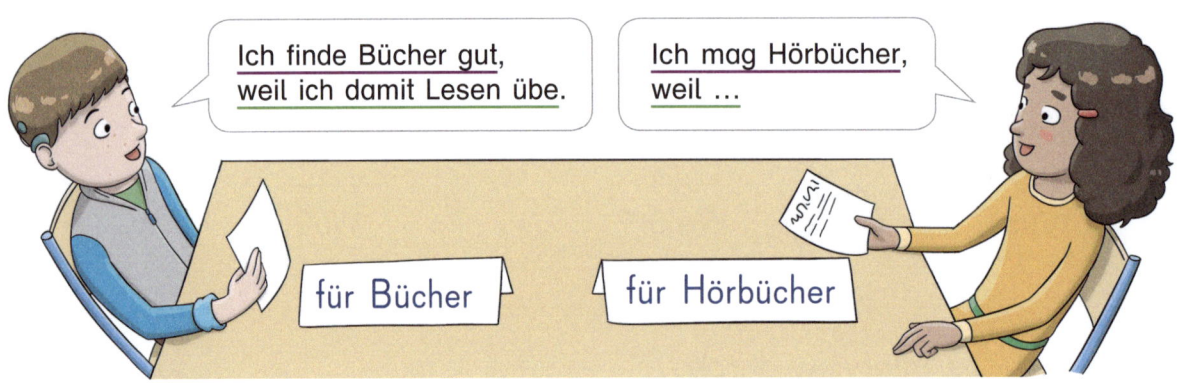

Ich finde Bücher gut, weil ich damit Lesen übe.

Ich mag Hörbücher, weil ...

für Bücher

für Hörbücher

S. 21 **④** Worauf musst du beim Sprechen in einer Gruppe achten?
Was nimmst du dir vor? Erkläre.

Sprechen und
Zuhören

zu anderen sprechen: Gespräche situationsangemessen planen;
mit anderen sprechen: argumentieren; mit Medien umgehen: Wahl
für Bücher / Hörbücher begründen

• SAH Fö, S. 102

# Meinungen überzeugend begründen

**①** Unterstreiche die <u>Meinungen</u> und <u>Argumente</u> für Tablets in der Schule.

> <u>Ich finde Tablets in der Schule sinnvoll,</u>
> <u>weil ich sie in allen Fächern nutzen kann.</u>

> Ich finde Tablets toll.

> Ich bin für Tablets in der Schule,
> weil man Papier spart.

> Ich finde Tablets sinnvoll,
> weil alle Schulen sie nutzen.

**②** Welche Meinungen aus **①** überzeugen? Kreuze an. Begründe. △

> Ich begründe meine <u>Meinung</u> mit
> einem überzeugenden <u>Argument</u>.

**③** Du möchtest im Unterricht mit Tablets arbeiten.
Mit welchen Argumenten kannst du
die Schulleitung überzeugen? Schreibe Stichworte auf.

> Wobei hilft dir ein Tablet im Unterricht?
>
> Wie oft willst du es nutzen?
>
> Wofür willst du es nutzen?

> – Englisch üben
> – Vortrag aufnehmen

**④** Präsentiert eure Argumente. Welche Argumente sind überzeugend?
Gebt euch Rückmeldung.

S. 21

**⑤** Was beachtest du, wenn du deine Meinung sagen möchtest? Erzähle.

• SAH Fö, S. 103     zu anderen sprechen: Sprechbeiträge und Gespräche situationsangemessen planen; funktionsangemessen sprechen: argumentieren     **Sprechen und
Zuhören** 103

## Adjektive kennen

**1** Beschreibt die Katzen mit passenden Adjektiven.

**2** Unterstreiche die Adjektive. Setze die Adjektive passend ein. Markiere.

Das Fell ist <u>weich</u>.　　Sie hat ein **weiches** Fell.

Der Schwanz ist lang.　　Sie hat einen _____ Schwanz.

Die Pfote ist weiß.　　Sie hat eine _____ Pfote.

Das Futter ist lecker.　　Das _____ Futter schmeckt.

Das Körbchen ist groß.　　Sie hat ein _____ Körbchen.

**3** Setze die Adjektive passend ein. Markiere. Vergleicht.

Salomes **kleine** Katze hat

_____ Fell und _____ Ohren.

Ihre _____ Augen leuchten fast im Dunkeln.

Am liebsten spielt sie mit dem _____ Ball.

Bei Regen liegt sie in ihrem _____ Körbchen.

Sie mag nämlich keine _____ Pfoten.

~~klein~~

spitz

weich

bunt

gelb

rund

nass

**Sprache untersuchen**　sprachliche Begriffe/Strukturen kennen und anwenden:　• SAH Fö, S. 104
Adjektive kennen und nutzen　• ÜH FO, S. 33

104

# Adjektive mit ⌐ig¬ und ⌐lich¬ kennen ▢

**1** Was fällt euch auf? Erzählt. 👥

Ein guter **Freund** sollte immer **freund⌐lich¬** sein.

Dein **Witz** war sehr **witz⌐ig¬**.

▢ Manche **Adjektive** haben am Ende den **Wortbaustein** ⌐ig¬ oder ⌐lich¬.
der Witz – witz⌐ig¬, der Freund – freund⌐lich¬

**2** Bilde Adjektive mit ⌐ig¬ oder ⌐lich¬.

Wortbausteine schreibst du immer gleich.

**ig**

| | |
|---|---|
| der Witz | witz**ig** |
| der Wind | |
| der Schmutz | |
| die Schuld | |

**lich**

| | |
|---|---|
| der Freund | freund**lich** |
| der Herbst | |
| der Sport | |
| der Leser | |

**3** Bilde Adjektive mit ⌐ig¬ oder ⌐lich¬. Prüfe mit der Wörterliste. 📖    S. 26 ——

| | | | |
|---|---|---|---|
| der Biss | biss**ig** | der Herr | |
| der Frieden | | der Dreck | |
| der Durst | | der Mut | |
| das Salz | | der Ärger | |

**4** Schreibe zu jedem Nomen ein Adjektiv. Was fällt dir auf? Erkläre. 📓

die Angst   der Tag   der Verdacht   der Bruder   der Mund   der Hass

• SAH Fö, S. 105
• ÜH FO, S. 34

sprachliche Strukturen kennen und anwenden: Wortbausteine -ig, -lich kennen, Adjektive nutzen, Möglichkeiten der Wortbildung kennen

**Sprache untersuchen**

105

## Zusammengesetzte Nomen kennen

**1** Zerlegt die zusammengesetzten Nomen. Was fällt euch auf? Erzählt.

| Handschrift | Schönschrift | Schreibschrift |

**Zusammengesetzte Nomen** kannst du
aus verschiedenen Wortarten zusammensetzen.
**Nomen + Nomen:** die Hand + die Schrift = die **H**andschrift
**Adjektiv + Nomen:** schön + die Schrift = die **S**chönschrift
**Verb + Nomen:** schreiben + die Schrift = die **S**chreibschrift

**2** Bilde zusammengesetzte Nomen.

| grün + der Specht | bunt + der Stift | frisch + der Käse |
| spitz + die Maus | süß + die Speise | blau + die Beere |
| hoch + das Haus | klein + das Kind | faul + das Tier |

der **G**rünspecht, _____

_____

_____

_____

_____

**3** Bilde zusammengesetzte Nomen.
kalt + das Getränk = das **K**altgetränk, …

| kalt | kühl | sauer | hart | schnell |

| das Getränk | das Kraut | der Käse | die Tasche | die Straße |

**Sprache untersuchen**

sprachliche Strukturen kennen und anwenden: zusammengesetzte
Nomen (Adjektiv + Nomen) kennen, Möglichkeiten der Wortbildung kennen

• SAH Fö, S. 106
• ÜH FO, S. 35

**106**

# Zusammengesetzte Nomen kennen

**1** Bilde zusammengesetzte Nomen. Setze sie ein.

| kühl + Kissen | ~~tief + Garage~~ | hoch + Bett | frei + Karte |

Papa fährt sein Auto in die **Tiefgarage** .

Ich stoße mich an meinem _____ .

Oma legt mir ein _____ auf den Kopf.

Opa schenkt allen eine _____ für den Zirkus.

**2** Lest den Text. Bildet zusammengesetzte Nomen. Setzt ein.

Momo und Tim haben sich eine **Geheimsprache**
geheime Sprache

ausgedacht. Sie treffen sich heute im _____ .
kleinen Garten

Dort wollen sie für ihr Detektivspiel _____ herstellen.
falsches Geld

Dafür haben sie _____ versteckt.
altes Papier

**3** Bilde zusammengesetzte Nomen mit den Adjektiven.

| hoch | alt | groß | klein | kühl | neu |

_____

_____

_____

• SAH Fö, S. 107
• ÜH FO, S. 35

sprachliche Strukturen kennen und anwenden: zusammengesetzte
Nomen (Adjektiv + Nomen) kennen, Möglichkeiten der Wortbildung kennen

**Sprache untersuchen**

107

## Zusammengesetzte Nomen kennen

**①** Bildet zusammengesetzte Nomen.

> Ich brauche den Wortstamm des Verbs und ein Nomen.

Ich gieße mit einer **Kanne**.     Gießkanne

Du schreibst an einem **Tisch**.

Er malt auf einen **Block**.

Sie trinkt aus einer **Flasche**.

**②** Bilde zusammengesetzte Nomen.
Schreibe sie mit Artikel auf.

| | |
|---|---|
| stehen  + die Lampe | = die Stehlampe |
| kochen  + der Löffel | = |
| turnen  + der Schuh | = |
| hüpfen  + die Burg | = |
| hören   + das Buch | = |
| löschen + die Taste | = |
| suchen  + das Spiel | = |

**③** Welche Wörter stecken in diesen zusammengesetzten Nomen? Erkläre.

**④** Schreibe die zusammengesetzten Nomen aus **③** auf.

**Sprache untersuchen**     sprachliche Strukturen kennen und anwenden: zusammengesetzte     • SAH Fö, S. 108
Nomen (Verb + Nomen) kennen, Möglichkeiten der Wortbildung     • ÜH FO, S. 35
kennen

# Zusammengesetzte Nomen kennen

**1** Schreibe zusammengesetzte Nomen mit Artikel.

| fahren + das Rad | = | das Fahrrad |
|---|---|---|
| kühlen + der Schrank | = | |
| reiten + der Helm | = | |
| trinken + der Halm | = | |
| kochen + der Topf | = | |

| rot + der Stift | = | der Rotstift |
|---|---|---|
| neu + der Bau | = | |
| blau + die Meise | = | |
| hoch + das Haus | = | |
| mager + der Quark | = | |

**2** Unterstreiche die zusammengesetzten Nomen.

Micha sitzt mit seinem <u>Schreibheft</u> am Esstisch und denkt über

die Schule nach. Heute hat er am Lerncomputer eine Suchmaschine

ausprobiert. Er hat ein Erklärvideo zu Geschichten gefunden.

Danach hat er mit dem Schreibprogramm eine Geschichte

geschrieben. Schließlich hat die ganze Klasse

Hörgeschichten aufgenommen.

**3** Zerlege die zusammengesetzten Nomen aus **2**.

das Schreibheft = schreiben + das Heft,

• SAH Fö, S. 109
• ÜH FO, S. 35
• Das kann ich, S. 15

sprachliche Strukturen kennen und anwenden: zusammengesetzte
Nomen (Verb + Nomen, Adjektiv + Nomen) kennen, Möglichkeiten
der Wortbildung kennen

Sprache untersuchen

STOPP

109

## Zusammengesetzte Wörter weiterschwingen

**(1)** Erklärt.

t oder d?

Bil__schirm

Zerlege das zusammengesetzte Nomen.

Schwinge weiter: die Bilder, also Bildschirm mit **d**.

**(2)** Zerlege die zusammengesetzten Nomen. Schwinge weiter.

| | ↻ | Wort |
|---|---|---|
| Bil_**d**_schirm<br><sub>t/d</sub> | die Bilder | Bil**d**schirm |
| Han___schrift<br><sub>t/d</sub> | | |
| Schil___kröte<br><sub>t/d</sub> | | |
| Wan___regal<br><sub>t/d</sub> | | |
| We___weiser<br><sub>k/g</sub> | | |
| Bur___graben<br><sub>k/g</sub> | | |
| Ber___spitze<br><sub>k/g</sub> | | |
| Flu___platz<br><sub>k/g</sub> | | |
| Kor___sessel<br><sub>p/b</sub> | | |

**(3)** Schreibe das zusammengesetzte Nomen richtig auf. Begründe.

San___bur___
<sub>t/d</sub>　　<sub>k/g</sub>

**Richtig schreiben**    rechtschriftliche Kenntnisse anwenden: zusammengesetzte Nomen    • SAH Fö, S. 110
mit Auslautverhärtung (t/d, p/b, k/g) schreiben; Rechtschreibstra-    • ÜH FO, S. 36
tegien anwenden: Weiterschwingen

## Zusammengesetzte Wörter weiterschwingen

**1** Zerlege die zusammengesetzten Nomen. Schwinge die Verben weiter.

|  | ⤳ | Wort |
|---|---|---|
| We_b_rahmen <br> p/b | wir weben | Webrahmen |
| Kle__stoff <br> p/b | | |
| Schrei__heft <br> p/b | | |
| Rau__tier <br> p/b | | |
| Schla__sahne <br> k/g | | |
| Len__rad <br> k/g | | |
| Sau__rüssel <br> k/g | | |
| Bin__faden <br> t/d | | |

**2** Zerlege die zusammengesetzten Nomen. Schwinge die Adjektive weiter.

|  | ⤳ | Wort |
|---|---|---|
| Hal_b_kreis <br> p/b | der halbe Kreis | Halbkreis |
| Gel__licht <br> p/b | | |
| Run__weg <br> t/d | | |
| Wil__tier <br> t/d | | |
| Frem__körper <br> t/d | | |
| Kal__speise <br> t/d | | |
| Schrä__dach <br> k/g | | |

• SAH Fö, S. 111
• ÜH FO, S. 36

rechtschriftliche Kenntnisse anwenden: zusammengesetzte Nomen
mit Auslautverhärtung (t/d, p/b, k/g) schreiben; Rechtschreibstrategien anwenden: Weiterschwingen

**Richtig schreiben**

## Zusammengesetzte Wörter weiterschwingen

**1** Erklärt.

> l oder ll?
>
> Sta__tür
>
> Zerlege das zusammengesetzte Nomen.
>
> Schwinge weiter: die Ställe, also Stalltür mit ll.
>
> Die erste Silbe ist geschlossen.

**2** Zerlege die zusammengesetzten Nomen. Schwinge weiter.

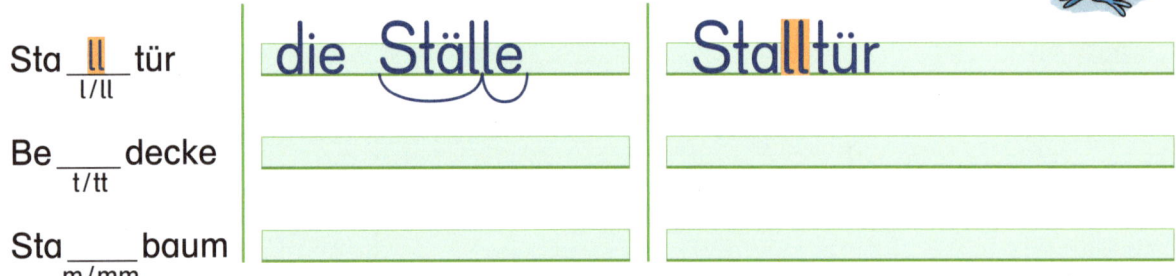

| Sta __ll__ tür (l/ll) | die Ställe | Stalltür |
| Be ___ decke (t/tt) | | |
| Sta ___ baum (m/mm) | | |

**3** Zerlege die zusammengesetzten Nomen. Schwinge die Verben weiter.

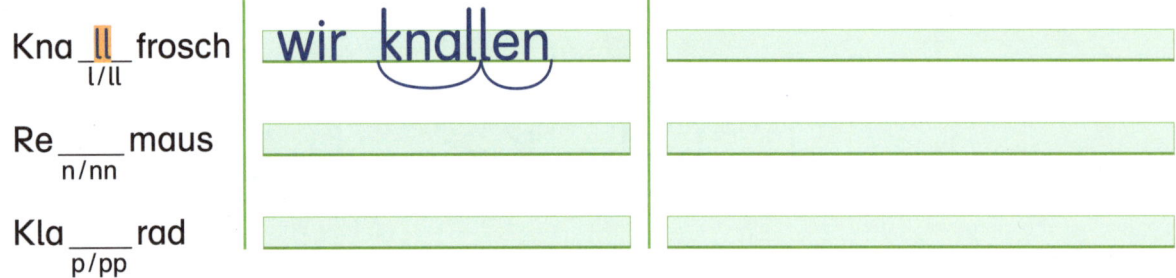

| Kna __ll__ frosch (l/ll) | wir knallen | |
| Re ___ maus (n/nn) | | |
| Kla ___ rad (p/pp) | | |

**4** Zerlege die zusammengesetzten Nomen. Schwinge die Adjektive weiter.

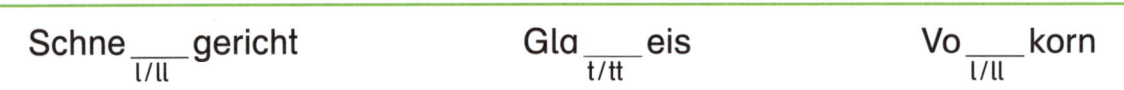

Schne ___ gericht (l/ll)          Gla ___ eis (t/tt)          Vo ___ korn (l/ll)

**5** Setze richtig ein. Begründe.

**f:** Schi ___ ahrt                    **s:** Nu ___ chale

**Richtig schreiben**

rechtschriftliche Kenntnisse anwenden: zusammengesetzte Wörter mit Doppelkonsonanz schreiben; Rechtschreibstrategien anwenden: Weiterschwingen

• SAH Fö, S. 112
• ÜH FO, S. 36

## Zusammengesetzte Wörter mit ck/tz weiterschwingen

(1) Zerlege die zusammengesetzten Nomen. Schwinge weiter. Setze **ck** ein.

| | ↪ | Wort |
|---|---|---|
| Pa __ck__ papier | wir packen | Packpapier |
| Sto __ck__ spitze | die Stöcke | |
| Ba ___ ofen | | |
| Spi ___ zettel | | |
| Sa ___ gasse | | |
| Di ___ darm | | |
| Ste ___ dose | | |

(2) Zerlege die zusammengesetzten Nomen. Schwinge weiter. Setze **tz** ein.

| | ↪ | Wort |
|---|---|---|
| Pu __tz__ lappen | wir putzen | Putzlappen |
| Pla ___ regen | | |
| Kra ___ baum | | |
| Sa ___ zeichen | | |
| Spi ___ maus | | |
| Schmu ___ fleck | | |
| Schu ___ brille | | |
| Schni ___ messer | | |

• SAH Fö, S. 113
• ÜH FO, S. 36

rechtschriftliche Kenntnisse anwenden: zusammengesetzte Wörter
mit tz, ck schreiben; Rechtschreibstrategien anwenden: Weiterschwingen

Richtig schreiben

113

## Einen argumentierenden Text schreiben

**(1)** Lies.

> Liebe Schulleitung,
> wir wünschen uns Tablets in der Schule,
> weil wir sie in allen Fächern zum Lernen nutzen können.
>
> Ich finde die Kamera-App sinnvoll,
>
> weil
>
> Außerdem ist die Kamera-App notwendig,
>
> weil
>
> Ich finde die Sprachen-App nützlich,
>
> weil
>
> Außerdem ist ein Tablet wichtig,
>
> weil
>
> Viele Grüße
> Ihre Klasse 3a

**(2)** Lies. Ergänze das passende Argument in **(1)**.

> wir damit Vokabeln lernen können.

> wir damit aufnehmen können.

> wir damit im Internet recherchieren können.

> wir damit einen QR-Code nutzen können.

**Checkliste**
– überzeugende Argumente
– Argumente begründen die Meinung

**(3)** Vergleicht eure Ergebnisse in **(1)**. 👥

**(4)** Schreibe weitere überzeugende Argumente für Tablets in der Schule.

# Einen argumentierenden Text überarbeiten

**1** Lies den Brief.

> Liebe Frau Aslan,
>
> wir wollen an jedem Schultag Tablets im Klassenraum
>
> nutzen, weil wir damit Spiele spielen können.
>
> Tablets sind cool. Außerdem können wir damit
>
> <u>Fremdsprachen lernen</u> und Matheaufgaben üben.
>
> Die Tablets brauchen wir,
>
> wenn wir auf Internetseiten recherchieren sollen.
>
> In der Nachbarschule hat jede Klasse Tablets.
>
> Mit den Tablets können wir QR-Codes aufrufen.
>
> Viele Grüße
>
> Ihre Klasse 3a

**2** Nehmt den Brief in ① unter die Lupe.
Unterstreicht die **überzeugenden Argumente**.

S. 20

**3** Überarbeite den Brief aus ①.

**4** Präsentiert den Brief aus ③. Ist der Text überzeugend?
Gebt euch Rückmeldung.

S. 21

**5** Nimm die Rechtschreibung in deinem Brief aus ③ unter die Lupe.
Achte auf die **zusammengesetzten Nomen**.

**6** Plant ein Rollenspiel.
Überzeugt die Schulleitung von Tablets für eure Klasse.

• SAH Fö, S. 115
• ÜH FO, S. 38

Texte überarbeiten: Texte auf Verständlichkeit und Wirkung überprüfen, Kriterien für die Überarbeitung nutzen; Arbeitstechniken
anwenden: Texte auf Richtigkeit überprüfen (Textlupen)

**Texte verfassen**

115

# Forschen mit Kari und Bu

## Wörter mit Doppelkonsonanten und ck/tz weiterschwingen

S. 24 **1** Schwinge die Wörter. Markiere die Aufpass-Stellen.

| 🔒 Grundwortschatz | | |
|---|---|---|
| der Blitz | ↪ | ↑ |
| sie sitzt | ↪ | |
| spitz | ↪ | |
| der Stock | ↪ | ↑ |
| er pflückt | ↪ | |

| 🔒 Grundwortschatz | | |
|---|---|---|
| das Schloss | ↪ | ↑ |
| nass | ↪ | |
| dünn | ↪ | |
| schnell | ↪ | |
| hell | ↪ | |

S. 23 **2** Führt ein Rechtschreibgespräch. 👥

**3** Schwinge die Wörter mit **tz** und **ck** aus **1** weiter.

### der Blitz – die Blitze,

_____

_____

**4** Schwinge die Wörter mit Doppelkonsonanten aus **1** weiter. Setze ein.

na**ss**:    Kari sitzt auf dem **nassen**_____ Rasen.

dünn:    Seine _____ Decke wärmt ihn nicht.

Schloss:    Er schaut in einem Buch alte _____ an.

hell:    Bu liegt im _____ Wohnzimmer.

schnell:    Er träumt von _____ Ufos.

Rechtschreibstrategien anwenden: Weiterschwingen, Großschreibung; Arbeitstechniken anwenden: Rechtschreibgespräch

• SAH Fö, S. 116
• ÜH FO, S. 39

# Wörter mit Doppelkonsonanten und ck/tz weiterschwingen

**5** Unterstreiche die Wörter aus **1**. Markiere die Aufpass-Stellen.

> Sara <u>si**tz**</u> mit Ali im Park vor dem Schloss.
>
> Im Gras steckt ein Stock.
>
> Er ist dünn und spitz.
>
> Sara pflückt Löwenzahn.
>
> Ein Blitz zuckt hell am Himmel.
>
> Es regnet und die Kinder werden nass.
>
> Sie rennen schnell nach Hause.

S. 25

**6** Schreibt den Text aus **5** als Partnerdiktat.

**7** Setze die Häufigkeitswörter ein.

| | |
|---|---|
| Bu ruft Kari an und sagt: | dann |
| „Kari, _____ du kommst, backen wir Kekse. | denn |
| Du kannst mir _____ dabei helfen. | wann |
| Du kannst das gut, _____ du hast zwei Hände. | wenn |
| Also, _____ kommst du?" | |

**8** Schreibe mit jedem Häufigkeitswort aus **7** einen Satz.

**9** Markiere alle Aufpass-Stellen in der Farbe der Strategie. Erkläre.

| Fettdruck | |
|---|---|

| Schnellbahn | |
|---|---|

• SAH Fö, S. 117
• ÜH FO, S. 39

Rechtschreibstrategien anwenden: Weiterschwingen, Großschreibung; rechtschriftliche Kenntnisse anwenden: Funktionswörter schreiben

Grundwortschatz

**117**

# Üben mit Kari und Bu

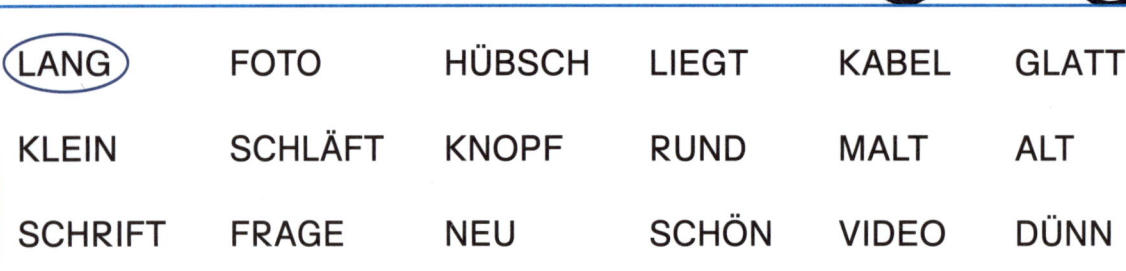

## Adjektive kennen

**(1)** Welche Wörter sind Adjektive? Kreise ein.

| | | | | | |
|---|---|---|---|---|---|
| (LANG) | FOTO | HÜBSCH | LIEGT | KABEL | GLATT |
| KLEIN | SCHLÄFT | KNOPF | RUND | MALT | ALT |
| SCHRIFT | FRAGE | NEU | SCHÖN | VIDEO | DÜNN |

— S. 26

**(2)** Bilde Adjektive mit [ig] oder [lich]. Prüfe mit der Wörterliste. 📖

die Natur    natür[lich]         der Sand _____

die Sonne _____         der Punkt _____

das Gift _____         die Ehre _____

das Glück _____         der Mut _____

der Sommer _____         der Sport _____

**(3)** Setze passende Adjektive mit den Wortbausteinen [ig] oder [lich] ein. 📖

| Ärger | Ole ist ärger[lich] . |
|---|---|
| Farbe | Ole hat Sara seine _____ Trinkflasche gegeben, |
| Durst | weil sie so _____ war. |
| Kraft | Dann hat Sara den Deckel _____ in die falsche Richtung gedreht. |
| Schuld | _____ fühlt sie sich aber nicht. |
| Witz | Sie findet es sogar _____ . |

**Wiederholung**    Inhalte des Kapitels wiederholen,    • SAH Fö, S. 118
**Sprache untersuchen**    eigenen Lernstand reflektieren    • Das kann ich, S. 14

118

# Zusammengesetzte Wörter weiterschwingen

**1** Zerlege die zusammengesetzten Nomen. Schwinge weiter.

| | Wort |
|---|---|
| Tri __tt__ leiter (t/tt) | die Tritte — Trittleiter |
| Ba ___ junge (l/ll) | |
| We ___ kampf (t/tt) | |
| Tre ___ strich (n/nn) | |
| Fa ___ tür (l/ll) | |
| E ___ papier (s/ss) | |

**2** Zerlege die zusammengesetzten Nomen. Schwinge weiter. Setze **tz / ck** ein.

| | Wort |
|---|---|
| Sa __tz__ zeichen | die Sätze — Satzzeichen |
| Scha ___ kiste | |
| Kra ___ bürste | |
| Si ___ ecke | |
| Blo __ck__ flöte | die Blöcke — Blockflöte |
| Bli ___ richtung | |
| Stri ___ nadel | |
| Lo ___ vogel | |

S. 22

• SAH Fö, S. 119
• Das kann ich, S. 16

Inhalte des Kapitels wiederholen, eigenen Lernstand reflektieren

Wiederholung
Richtig schreiben

119

**Sprachen vergleichen**

(1) Erzähle.

Benvenuto!

Добро пожаловать!

Willkommen!

Welcome!

أهلًا وسهلًا!

¡Bienvenido!

Willkommen beim Schulfest!

(2) Vergleicht die Wörter in (1).

(3) Welche Sprachen werden in eurer Klasse gesprochen? Erzählt.

(4) Erstellt ein Plakat in verschiedenen Sprachen.

○ Recherchiert. ○ Schreibt. ○ Gestaltet.

(5) Wie wird das Wort **Willkommen** in verschiedenen Sprachen ausgesprochen? Recherchiere und präsentiere.

zu anderen sprechen: erzählen; Gemeinsamkeiten und Unterschiede von Sprachen untersuchen; verstehend zuhören: Hörtexte erfassen

• SAH Fö, S. 120

# Informationen im Internet suchen

(1) Erzähle. Ordne die Begriffe zu.

(1) Suchbegriff

(2) Suchfeld

(3) Webseite

(4) Treffer

(2) Wie findest du Informationen im Internet? Erkläre. △

(3) Sucht Informationen zu einem Land.
Beantwortet Fragen.
Schreibt Stichworte. 🔍

**Name:**
Spanien

**Hauptstadt:**
Madrid

**Sprachen:**
– …

- **Name:**     Wie heißt das Land?
- **Hauptstadt:**     Wie heißt die Hauptstadt des Landes?
- **Sprachen:**     Welche Sprachen werden in dem Land gesprochen? Was ist die Landessprache?
- **Wörter in Landessprache:**     Notiere einige Wörter in der Landessprache. Was bedeuten sie?
- **Speisen:**     Welche Speisen sind landestypisch?
- **Wissenswertes:**     Welche Informationen sind noch wichtig oder interessant?

Die Landessprache ist die meistgesprochene Sprache.

(4) Berichtet von eurer Suche im Internet.
Was war einfach? Was war schwierig? 🗣

• SAH Fö, S. 121

zu anderen sprechen: informieren, Fachbegriffe nutzen; mit Medien umgehen: Recherche im Internet 🖥, Informationen zu Oberbegriffen sammeln

**Sprechen und Zuhören** 121

## Adjektive steigern

① Ali, Momo und Ole vergleichen sich. Erzähle.

Ali ist schnell.

Momo ist schneller.

Ole ist am schnellsten.

Ali    Momo    Ole

Die meisten **Adjektive** kannst du **steigern** und damit **vergleichen**.

| schnell | schneller | am schnellsten |
|---|---|---|
| Grundform | 1. Vergleichsstufe (Mehrstufe) | 2. Vergleichsstufe (Meiststufe) |

Das Adjektiv ändert sich. Der Wortstamm bleibt meist gleich oder ähnlich.

② Schreibe wie in ①. Markiere.

klein

stark

Ali ist _____.

Momo ist _____.

Ole ist _____.

Ole ist _____.

Momo ist **stärker**.

Ali ist _____.

S. 26 ③ Steigere die Adjektive. Prüfe mit der Wörterliste.

| Grundform | 1. Vergleichsstufe | 2. Vergleichsstufe |
|---|---|---|
| alt | | am |
| lang | | |
| jung | | |
| kalt | | |

sprachliche Strukturen/Begriffe kennen und anwenden: Steige-
rung von Adjektiven (Grundstufe, Vergleichsstufen), Möglichkeiten
der Wortbildung kennen

• SAH Fö, S. 122
• ÜH FO, S. 40

## Adjektive steigern

**1** Ergänze die Adjektivformen. Prüfe mit der Wörterliste. 📖

S. 26

| Grundform | 1. Vergleichsstufe | 2. Vergleichsstufe |
|---|---|---|
| schnell | | |
| | schöner | |
| | | am hellsten |
| | ärmer | |
| weit | | |
| | größer | |
| leise | | |
| dünn | | |

**2** Schlage die Vergleichsstufen der Adjektive nach. 📖

S. 26

| Grundform | 1. Vergleichsstufe | 2. Vergleichsstufe |
|---|---|---|
| viel | | |
| gut | | |

**3** Schlage die Vergleichsstufen des Adjektivs nach. Setze ein. 📖

Der Baum ist hoch .

Das Haus ist .

Der Turm ist .

• SAH Fö, S. 123
• ÜH FO, S. 40

sprachliche Strukturen/Begriffe kennen und anwenden: Steige-
rung von Adjektiven (Grundstufe, Vergleichsstufen), Möglichkeiten
der Wortbildung kennen

Sprache untersuchen

123

## Mit Adjektiven vergleichen

**1** Erzähle.

Ich bin **so** groß **wie** du.

Dafür bin ich größer **als** Bu.

**2** Setze die Adjektive in der richtigen Form ein.

Etwas ist gleich: **so ... wie**.
Etwas ist anders: **als**.

| jung | | alt |
| --- | --- | --- |

Lara ist **so** _____ **wie** Cleo.

Cleo ist _____ **als** Micha.

Faruk ist _____.

Sara ist **so** _____ **wie** Ali.

Ali ist _____ **als** Cedric.

Ole ist _____.

**3** Vergleiche mit der 1. Vergleichsstufe.

 klein

Der Hamster ist _____ **als** die Katze.

 schnell

_____

_____

 schwer

_____

_____

**4** Vergleicht Gegenstände in der Klasse. Schreibt auf.

| ... größer **als** ... | ... **so** lang **wie** ... | ... leichter **als** ... |
| --- | --- | --- |

## Nominalisierte Verben kennen

**①** Erzähle.

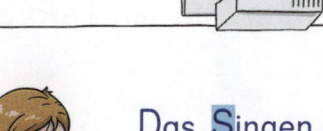

> Warum schreibe ich **Singen** groß? Es ist doch ein Verb.

Das Singen macht Spaß.

> Hier wird das Verb als Nomen genutzt.

 **Verben** in der Grundform können im Satz als **Nomen** verwendet werden. Oft steht ein **Artikel** davor: singen – Das Singen macht Spaß.

**②** Unterstreiche die Verben, die als Nomen verwendet werden.

> Das Lernen einer Sprache ist sehr aufregend.
>
> Es ist wichtig, das Sprechen und das Hören neuer Wörter zu üben.
>
> Auch das Lesen von Texten und Büchern gehört dazu.

**③** Setze die Wörter als Nomen und als Verb ein.

| Hören | Wir **hören** englische Lieder im Radio. |
| hören | Das _____ englischer Geschichten macht Spaß. |
| Fahren | Wir _____ in den Ferien nach Irland. |
| fahren | Das _____ in Irland ist für Papa neu. |
| spielen | Wir _____ Fußball. |
| Spielen | Das _____ mit einem Ball ist weltweit beliebt. |

## Nominalisierte Verben kennen

**1** Setze die Wörter als Nomen und als Verb ein.

lesen

Wir **lesen** ein englisches Märchen.

Das _____ auf Englisch fällt Lola leicht.

feiern

Wir _____ in der Schule ein Fest.

Das _____ neuer Feste ist spannend und lustig.

kochen

Das _____ kannst du lernen.

Wir _____ gerne Nudelsuppe.

**2** Setze die Wörter als Nomen oder als Verb ein.

~~fahren~~     schlafen     schwimmen     sprechen     lernen

Wir **fahren** im Sommer in den Urlaub.

Ich freue mich auf das _____ im Meer.

Das _____ der Sprache wird aufregend.

Wir _____ wichtige Wörter.

Das _____ draußen wird toll.

**3** Warum wird hier das Verb zu einem Nomen? Erkläre.

Zum Malen nutze ich einen Stift.

**Sprache untersuchen**
sprachliche Strukturen kennen und anwenden: nominalisierte
Verben kennen, Möglichkeiten der Wortbildung kennen
• SAH Fö, S. 126
• ÜH FO, S. 42

126

## Kommas bei Aufzählungen setzen

(1) Erzähle.

Deutsch, Türkisch, Arabisch und Englisch

Ich spreche Deutsch **und** Türkisch **und** Arabisch **und** Englisch.

> Wenn du etwas **aufzählst**, trennst du die Wörter mit **Komma**.
> Das letzte **und/oder** bleibt oft stehen.
> Ich spreche Deutsch, Türkisch, Arabisch und Englisch.
> Ich spreche Deutsch, Türkisch, Arabisch oder Englisch.

(2) Setze die fehlenden Kommas. Markiere die Kommas und **und/oder**.

> Cleo singt, tanzt und spielt Klavier.
>
> Micha isst gern Bananen Erdbeeren Mandeln oder Melone.
>
> Clara spricht Polnisch Deutsch und Englisch.
>
> Sara war schon in Berlin Rom Paris und Oslo.
>
> Adin möchte reiten boxen oder Schach spielen.

(3) Beantworte die Fragen. Zähle immer mindestens drei Dinge auf.
Schreibe auf. Ich esse gern Bananen, Pizza und Käse.

> Was isst du gern?
>
> Wie heißen deine Lieblingstiere?
>
> Welche Farben magst du?
>
> Welche Fächer magst du am liebsten?
>
> Was möchtest du am Wochenende machen?

• SAH Fö, S. 127
• ÜH FO, S. 43

sprachliche Strukturen kennen und anwenden: Komma bei
Aufzählung kennen und nutzen

**Sprache untersuchen**

127

## Adjektive weiterschwingen

**①** Erzähle.

wil___

t oder d?

Schwinge mit der
1. Vergleichsstufe weiter:
wilder, also wild mit d.

**②** **t** oder **d?** Schwinge weiter mit der 1. Vergleichsstufe.

wil_d_   wilder   mil___   [          ]   run___   [          ]

blon___   [          ]   kal___   [          ]   spä___   [          ]

**③** **k** oder **g?** Schwinge weiter mit der 1. Vergleichsstufe.

schlan___   [          ]   klu___   [          ]   star___   [          ]

schrä___   [          ]   flin___   [          ]   kran___   [          ]

**④** **p** oder **b?** Schwinge weiter mit der 1. Vergleichsstufe.

lie___   [          ]   gro___   [          ]   trü___   [          ]

**⑤** **β** oder **s?** Schwinge weiter mit der 1. Vergleichsstufe.

hei_β_   heißer   gro___   [          ]   fie___   [          ]

sü___   [          ]   mie___   [          ]

**⑥** **p** oder **b?** Schwinge weiter. Setze ein.
Warum kann man das Adjektiv nicht steigern? Begründe.

hal___ – die [                    ] Kiwi

rechtschriftliche Kenntnisse anwenden: Adjektive mit Auslautverhärtung (t/d, p/b, k/g, β/s) schreiben; Rechtschreibstrategien
anwenden: Weiterschwingen (1. Vergleichsstufe)

• SAH Fö, S. 128
• ÜH FO, S. 44

## Merkwörter mit ä schreiben M

**1** Erzähle.

Es gibt keine verwandten Wörter mit **a**. Es sind Merkwörter.

Warum schreibe ich diese Wörter mit **ä**?

Käfer  Bär  Käfig

**2** Markiere ä.

| nämlich | spät | während | vorwärts | fähig |

**3** Schlage die Merkwörter nach. Markiere ä. 📖

S. 26

März, S. 10

**4** Setze die Merkwörter ein.

Wenn ich nicht pünktlich bin, bin ich zu _____.

In der Sporthalle ist immer viel _____.

Eine Waschmaschine ist ein _____.

Der dritte Monat im Jahr heißt _____.

| Gerät |
| Lärm |
| spät |
| März |

**5** Übe die Merkwörter aus ② im Spinnennetz.

S. 27

• SAH Fö, S. 129
• ÜH FO, S. 45

rechtschriftliche Kenntnisse anwenden: Wörter mit ä schreiben;
Rechtschreibhilfe nutzen: mit der Wörterliste arbeiten; Rechtschreibstrategien anwenden: Merken

Richtig schreiben

# Informationen sammeln

**(1)** Vergleiche und erzähle.

---

**(1) Spanien**

1 Spanien liegt im Süden Europas. Die Hauptstadt Spaniens ist Madrid.
Die Landessprache Spaniens ist Spanisch. Begrüßungen wie „Hola"
(Hallo), „Buenos días" (Guten Tag) und „Buenos noches" (Guten Abend)
hört man häufig. Es gibt auch viele weitere Sprachen, die in Spanien
5 gesprochen werden, zum Beispiel Katalanisch und Baskisch.
Die spanische Küche ist berühmt für ihre Paella (gesprochen: paeja).
Dies ist eine Reispfanne mit Gemüse, Fleisch und Fisch. Bekannt sind
ebenfalls Tapas. Dies sind kleine Portionen, die gerne untereinander
geteilt werden. Beliebt sind außerdem internationale Gerichte.
10 Im Süden Spaniens gibt es einen traditionellen Tanz. Er heißt Flamenco
und ist für rhythmische Musik und weite Kleider bekannt.
Bei traditionellen Festen im Norden Spaniens wird Dudelsack gespielt.

---

**(2) Spanien**

1 Spanien liegt im Süden Europas. Die Hauptstadt Spaniens ist Madrid.
Die Landessprache Spaniens ist Spanisch. Begrüßungen wie „Hola"
(Hallo), „Buenos días" (Guten Tag) und „Buenos noches" (Guten Abend)
hört man häufig. Es gibt auch viele weitere Sprachen, die in Spanien
5 gesprochen werden, zum Beispiel Katalanisch und Baskisch.
Die spanische Küche ist berühmt für ihre Paella (gesprochen: paeja).
Dies ist eine Reispfanne mit Gemüse, Fleisch und Fisch. Bekannt sind
ebenfalls Tapas. Dies sind kleine Portionen, die gerne untereinander
geteilt werden. Beliebt sind außerdem internationale Gerichte.
10 Im Süden Spaniens gibt es einen traditionellen Tanz. Er heißt Flamenco
und ist für rhythmische Musik und weite Kleider bekannt.
Bei traditionellen Festen im Norden Spaniens wird Dudelsack gespielt.

---

**(2)** Was ist beim Markieren wichtig? Erklärt.

> Jeder Oberbegriff hat eine Farbe.

**(3)** Schreibt die Oberbegriffe zu den Markierungen auf.

| | | |
|---|---|---|
| _____ | _____ | _____ |

| | | |
|---|---|---|
| Wörter in Landessprache | _____ | _____ |

Texte planen: Informationen markieren, sammeln und zu Oberbegriffen ordnen

• SAH Fö, S. 130
• ÜH FO, S. 46

# Informationen ordnen

① Schreibe einen Steckbrief zu Spanien.

Ländersteckbrief Spanien

**Name:** Spanien

**Hauptstadt:**

**Sprachen:**

**Wörter in Landessprache:**

**Speisen:**

**Wissenswertes:**

• SAH Fö, S. 131
• ÜH FO, S. 46

Texte planen: Informationen markieren, sammeln und zu Oberbegriffen ordnen

**Texte verfassen**

131

## Informationen ordnen

**1** Lies.

**Ägypten**

Ägypten ist ein Land im Norden Afrikas. Die Hauptstadt ist Kairo.

Die meisten Menschen in Ägypten sprechen Arabisch. Es ist

die Landessprache. Im Süden des Landes wird zudem Nubisch

gesprochen. Aber auch Englisch und Französisch sind verbreitet.

Die Menschen begrüßen und verabschieden sich oft mit

„Ahlan wa sahlan" (Hallo) und „Maa slama" (Auf Wiedersehen).

Diese Wörter werden aber eigentlich mit anderen Buchstaben

geschrieben.

Ein bekanntes ägyptisches Gericht heißt Kuschari.

Dies ist eine Speise aus Reis, Nudeln, Linsen und Kichererbsen.

Es gibt aber auch Ful Medames. Das ist ein Bohnengericht.

Ein großer Teil Ägyptens besteht aus Wüste. Diese Sandwüste heißt

Sahara. In Ägypten fließt außerdem ein sehr langer Fluss.

Er heißt Nil.

**2** Markiere Informationen in **1** farblich passend zu den Oberbegriffen.

| Name | Hauptstadt | Sprachen |
| --- | --- | --- |
| Wörter in Landessprache | Speisen | Wissenswertes |

**3** Vergleicht eure Ergebnisse aus **2**.

**Texte verfassen**

Texte planen: Informationen markieren, sammeln und zu Oberbegriffen ordnen

• SAH Fö, S. 132
• ÜH FO, S. 46

132

# Informationen ordnen

**1** Schreibe einen Steckbrief zu Ägypten.

**2** Schreibe einen Steckbrief zu deinen Karten von Seite 121 aus **3**.

**Checkliste Steckbrief**
– lesbar schreiben
– gut erkennbare Überschrift
– Oberbegriffe und Stichworte
– Fachbegriffe

## Informationen präsentieren

**(1)** Vergleicht die Präsentationen auf dem Plakat und auf dem Tablet.

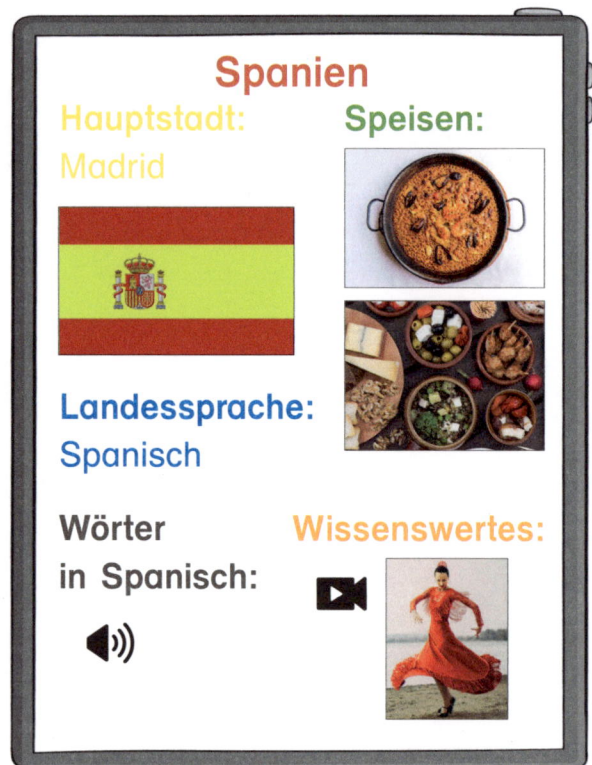

**(2)** Wie präsentiert ihr eure Steckbriefe? Begründet.

**(3)** Was beachtet ihr bei der Erstellung eurer Präsentation? Erzählt.

— S. 22 **(4)** Erstellt eine Präsentation zu euren Steckbriefen.

— S. 20 **(5)** Nehmt eure Präsentation aus **(4)** unter die Lupe.
Überprüft die **Rechtschreibung**. Achtet besonders auf die **Fachwörter**.

**(6)** Überarbeitet eure Präsentation aus **(4)**.

**(7)** Wie könnt ihr Lieder, Bilder und Videos
in eurer Präsentation verwenden? Erklärt.

**(8)** Suche nach Liedern, die zu eurer Präsentation passen. ᕼ

**Texte verfassen**

134

Texte präsentieren: analoge und digitale Präsentationsformen
kennen, Texte analog oder digital gestalten; mit Medien umgehen:
ausgewählte digitale Werkzeuge nutzen

• SAH Fö, S. 134

## Einen Vortrag halten

① Ordnet die Stichworte richtig zu und malt an.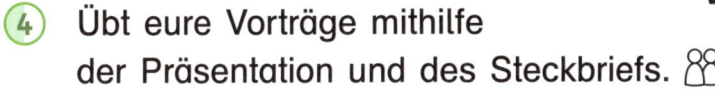

🟡 vor dem Vortrag   🟢 während des Vortrags   🟠 nach dem Vortrag

| | |
|---|---|
| 🟡 Steckbrief schreiben | ⚪ laut und deutlich sprechen |
| ⚪ Informationen suchen | ⚪ Bilder oder Gegenstände zeigen |
| ⚪ Publikum anschauen | ⚪ langsam sprechen, Pausen |
| ⚪ Einleitungssatz aufschreiben | ⚪ Schlusssatz aufschreiben |
| ⚪ Rückmeldung geben | ⚪ Präsentation erstellen |
| ⚪ Verständnisfragen stellen | ⚪ auf Fragen antworten |
| ⚪ Vortrag üben | ⚪ etwas zum Zeigen mitbringen |

② Vergleicht eure Ergebnisse in ①.

③ Schreibe einen passenden Einleitungssatz für deinen Vortrag.

> Wir reisen heute nach …
> Wusstet ihr, dass …
> Bei meinem Vortrag zeige ich …
> Buenos días: So sagt man in …

④ Übt eure Vorträge mithilfe
der Präsentation und des Steckbriefs.

> Achtet auf die Gesprächsregeln.

S. 21

⑤ Haltet eure Vorträge.
Gebt euch Rückmeldung.

S. 21

Texte präsentieren: Vortrag adressatengerecht vorbereiten und
halten; vor anderen sprechen: Gesprächsregeln anwenden; mit
Medien umgehen: ausgewählte digitale Werkzeuge nutzen

Texte verfassen

## Adjektive weiterschwingen

S. 24 **(1)** Schwinge die Adjektive. Markiere die Aufpass-Stellen **d**, **b**, **g**, **ß**.

| 🔒 Grundwortschatz | |
| --- | --- |
| blon<u>d</u> | ↪ |
| blind | ↪ |
| gesund | ↪ |
| fremd | ↪ |
| halb | ↪ |

| 🔒 Grundwortschatz | |
| --- | --- |
| klug | ↪ |
| weiß | ↪ |
| süß | ↪ |
| heiß | ↪ |
| groß | ↪ |

S. 23 **(2)** Führt ein Rechtschreibgespräch. 👥

**(3)** Schwinge die Adjektive mit **d** und **b** am Ende weiter.

blon**d** – blonder, blin**d** – der blinde Mensch,

**(4)** Schwinge die Adjektive mit **g** und **ß** am Ende weiter. Setze ein.

gro**ß**: Kari ist viel _größer_ als der kleine Bu.

süß: Bu findet Kakao _____ als Milch.

weiß: Kari mag die _____ Milch lieber als Kakao.

heiß: Bu mag kalten Kakao, Kari liebt _____ Milch.

klug: Wer von beiden ist _____?

Rechtschreibstrategien anwenden: Weiterschwingen, Großschreibung; Arbeitstechniken anwenden: Rechtschreibgespräch

• SAH Fö, S. 136
• ÜH FO, S. 47

## Adjektive weiterschwingen

**5** Unterstreiche die Wörter aus ①.
Markiere die Aufpass-Stellen **d, b, g, ß**.

> Karis Freund Tino ist zu Besuch. Auf der Erde ist
> alles neu und <u>frem**d**</u> für ihn.
> Die Äpfel sind nur halb so groß wie bei ihm.
> Tee ist heiß und Schokolade schmeckt süß.
> Spargel ist gesund und weiß.
> Manche Maulwürfe sind blind.
> Haare sind manchmal blond.
> Tino kennt das Wort klug nicht.

**6** Schreibt den Text aus ⑤ als Partnerdiktat.

S. 25

**7** Setze die Häufigkeitswörter ein.

| | |
|---|---|
| Kari steigt ins Ufo. Bu schaut ihm von _____ zu. | bloß |
| Das Ufo startet nicht. Was soll er _____ tun? | außerdem |
| Die Tür klemmt, _____ stottert der Auspuff. | schließlich |
| Nach drei Versuchen springt es _____ an. | außen |

**8** Schreibe mit jedem Häufigkeitswort aus ⑦ einen Satz.

**9** Warum musst du nicht weiterschwingen? Begründe.

| traurig | _____ |
|---|---|
| neugierig | _____ |

• SAH Fö, S. 137
• ÜH FO, S. 47
• Das kann ich, S. 18

Rechtschreibstrategien anwenden: Weiterschwingen, Großschreibung; rechtschriftliche Kenntnisse anwenden: Funktionswörter
schreiben

Grundwortschatz

137

## Adjektive steigern und mit Adjektiven vergleichen

S. 26 **1** Steigere die Adjektive. Prüfe mit der Wörterliste. 📖

| Grundform | 1. Vergleichsstufe | 2. Vergleichsstufe |
|---|---|---|
| viel | | |
| gut | | |
| hoch | | |
| nah | | |

**2** Vergleiche. Schreibe Sätze.

hart

Die Nuss ist

langsam

groß

schwer

**138**

**Wiederholung**
**Sprache untersuchen**

Inhalte des Kapitels wiederholen,
eigenen Lernstand reflektieren

• SAH Fö, S. 138
• Das kann ich, S. 17

## Merkwörter mit ä schreiben M

**1** Schreibe die Merkwörter ab. Markiere **ä**.

| die Träne | die Krähe | während | der Schädel | das Gerät |
|---|---|---|---|---|

_____

_____

**2** Schlage die Merkwörter nach. Markiere **ä**. 📖

S. 26

 Träne, S. 15

**3** Setze die Merkwörter ein.

| Lärm | Känguru | Mädchen | Märchen | später |
|---|---|---|---|---|

Es klingelt heute _____.

Auf dem Schulhof ist viel _____.

Die Jungen und die _____ spielen zusammen.

Ole hüpft wie ein _____.

Bu erzählt ein _____.

S. 22

## Märchen kennenlernen

① Erzähle.

② Betrachtet die Märchenbilder.
Was fällt euch auf? Erzählt. 👥

| magische Orte | Märchenfiguren |

| magische Gegenstände |

Ich sehe einen Apfel.
Das ist ein magischer
Gegenstand.

③ Wähle ein Märchen aus.

◯ Höre.  ◯ Lies.  ◯ Recherchiere. 🔍

**Sprechen und Zuhören**    zu anderen sprechen: beschreiben, erzählen, Fachbegriffe nutzen (Märchenmerkmale); verstehend zuhören: Hörtexte erfassen     • SAH Fö, S. 140

140

# Märchenmerkmale erkennen

**1** Was geschieht im Märchen **Schneewittchen**? Erzähle.

   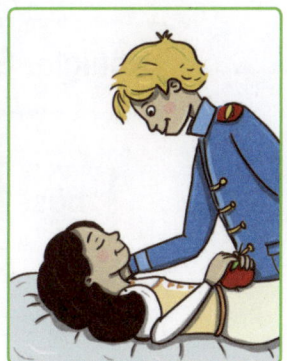

**2** Lest die Merkmale von Märchen. Malt die Textausschnitte an.

| | |
|---|---|
| Märchenanfang | Auf dem Tisch fand sie 7 Messerchen, 7 Tellerchen … |
| gute Märchenfiguren | Die Königin fragte ihren Zauberspiegel. |
| böse Märchenfiguren | Und wenn sie nicht gestorben sind, … |
| magische Orte | Der Jäger hatte ein gutes Herz und ließ das arme Kind laufen. |
| Märchensprüche | Es war einmal eine Königin … |
| magische Gegenstände | „Spieglein, Spieglein an der Wand …" |
| magische Zahlen | Schneewittchen wohnte hinter den sieben Bergen … |
| Märchenende | Die Königin wollte sie vergiften. |

**3** Woran erkennst du Märchen? Erkläre mit den Beispielen aus **2**. △

**4** Finde Märchenmerkmale in anderen Märchen. 🔍

## Märchen nacherzählen

**(1)** Lies.

> Königin, Schneewittchen

> böse Königin

> „Spieglein, Spieglein an der Wand ..."

> Schneewittchen schöner

> guter Jäger, Wald, 7 Zwerge

> Apfel mit Gift

> Schneewittchen im Sarg aus Glas

> Prinz heiratet Schneewittchen

**(2)** Du sollst das Märchen **Schneewittchen** nacherzählen. Was musst du beachten? Erzähle. △

> Ich kann lebendig erzählen, wenn ich etwas hervorhebe und Pausen mache.

**(3)** Erzählt das Märchen nach. Nutzt den roten Faden aus **(1)**. Nehmt eure Erzählungen auf.

> Es war einmal ...

**(4)** Gebt euch Rückmeldung.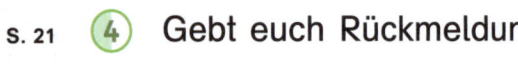

— S. 21

Sprechen und Zuhören

vor anderen sprechen: mithilfe einer Gliederung (roter Faden) ein Märchen nacherzählen, para- und nonverbale Äußerungen wahrnehmen; mit Medien umgehen: Märchen aufnehmen

• SAH Fö, S. 142

## Ein Reihum-Märchen gestaltend erzählen

**①** Erzähle.

**②** Erzählt euch mithilfe der Karten ein Reihum-Märchen.
Erzählt lebendig. 🏃

| Märchenanfang | magische Orte | böse Märchenfiguren |
|---|---|---|
| Es war einmal … |  |  |

| Märchenspruch | magische Gegenstände | |
|---|---|---|
| „Spieglein, Spieglein …" |  | |

| magische Zahlen | Märchenende | gute Märchenfiguren |
|---|---|---|
|  | Und wenn sie nicht gestorben sind, … |  |

**③** Wie ist euch das Erzählen gelungen? Gebt euch Rückmeldung.  S. 21 —

**④** Worauf achtest du beim Erzählen von Märchen? Erkläre. S. 21 —

zu anderen sprechen: erzählen; mit anderen sprechen: eigene
Ideen einbringen, auf Beiträge anderer eingehen; verstehend
zuhören: Gesprächsprozesse verfolgen, reflektieren

Sprechen und
Zuhören
**143**

## Satzglieder umstellen

(1) Erzähle.

die  Prinzessin  spielt  am  Brunnen  .  ?

| Die Prinzessin | spielt | am Brunnen |.

| Spielt | die Prinzessin | am Brunnen |?

| Am Brunnen | spielt | die Prinzessin |.

Ein Satz besteht aus **Satzgliedern**. Ein Satzglied kann aus einem Wort oder mehreren Wörtern bestehen. **Satzglieder** kannst du **umstellen**. Mithilfe der **Umstellprobe** kannst du Satzglieder erkennen.

(2) Stellt die Sätze so oft wie möglich um. Markiert die Satzglieder.

| Die Kugel | fällt | in den Brunnen | .

| Fällt |

| In den Brunnen |

Die   Prinzessin   erzählt   abends   vom   Frosch   .

(3) Wie oft konntest du jeden Satz in (2) umstellen?
Was fällt dir auf? Erzähle.

Sprache untersuchen          sprachliche Strukturen kennen und anwenden: Satzglieder ken-        • SAH Fö, S. 144
                             nen, sprachliche Operationen nutzen (umstellen)                       • ÜH FO, S. 48

## Satzglieder umstellen

**①** Schreibe Sätze. Markiere die Satzglieder.

| die sieben Zwerge | im Wald | wohnen |
| Schneewittchen | das Zwergenhaus | findet |
| die Königin | dem Jäger | vertraut |
| der Prinz | auf dem Pferd | reitet |

| Die sieben Zwerge | wohnen |

**②** Stelle die Sätze aus **①** zweimal um. Schreibe sie auf. Markiere die Satzglieder. | Wohnen | ...

**③** Erweitere die Sätze. Markiere die Satzglieder.

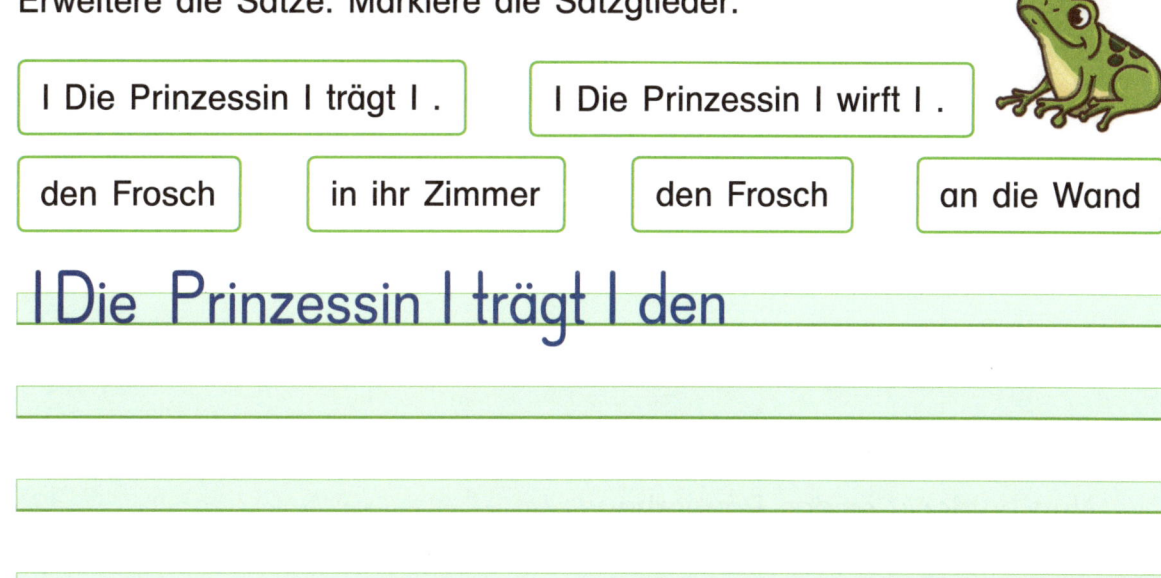

| Die Prinzessin | trägt | .     | Die Prinzessin | wirft | .

| den Frosch |   | in ihr Zimmer |   | den Frosch |   | an die Wand |

| Die Prinzessin | trägt | den

## Satzglieder bestimmen (Prädikat)

**1** Stellt die Sätze um. Was fällt euch auf? Erzählt.

> Der Esel schreit.
> Der Hund bellt.
> Die Katze miaut.
> Der Hahn kräht.
> Der Mond leuchtet.

In jedem Satz gibt es ein **Prädikat**. Das Prädikat ist ein **Verb**.
Im **Fragesatz** ist das Prädikat das **erste Satzglied**.
Schreit der Esel? Der Esel schreit.

**2** Unterstreiche in den Sätzen aus **1** das Prädikat.

**3** Stelle zum Fragesatz um. Markiere die Satzglieder.
Unterstreiche das Prädikat.

Der Esel schläft unter einem Baum.

| Schläft | der _____ ?

Der Hund liegt daneben.

Die Katze klettert auf den Baum.

Der Hahn fliegt in die Baumkrone.

Nun entdeckt er das Räuberhaus.

Sprache untersuchen    sprachliche Strukturen kennen und anwenden: Satzglieder (Prädi-    • SAH Fö, S. 146
kat) bestimmen, sprachliche Operationen nutzen (umstellen)    • ÜH FO, S. 49

## Satzglieder bestimmen (Prädikat)

**1** Stelle zum Fragesatz um. Markiere die Satzglieder. Unterstreiche das <u>Prädikat</u>.

Die sieben Geißlein <u>sind</u> im Haus.

| <u>Sind</u> | die

Plötzlich klopft es an der Haustür.

Vor der Tür steht der Wolf.

Er verstellt seine Stimme.

Die Geißlein öffnen die Tür.

Das Jüngste kriecht in den Uhrkasten.

Der Wolf findet es nicht.

Die Mutter kommt nach Hause.

**2** Markiere die Satzglieder. Unterstreiche das <u>Prädikat</u>. Erkläre.

> Die    Geißenmutter    hat    das    jüngste    Kind    gefunden .

• SAH Fö, S. 147
• ÜH FO, S. 49

sprachliche Strukturen kennen und anwenden: Satzglieder (Prädikat) bestimmen, sprachliche Operationen nutzen (umstellen)

**Sprache untersuchen**

147

## Satzglieder bestimmen (Subjekt)

1. Ergänzt jeweils das fehlende Satzglied. 💬

| | |
|---|---|
| _____ | schreit. |
| _____ | bellt. |
| _____ | miaut. |
| _____ | kräht. |
| _____ | leuchtet. |

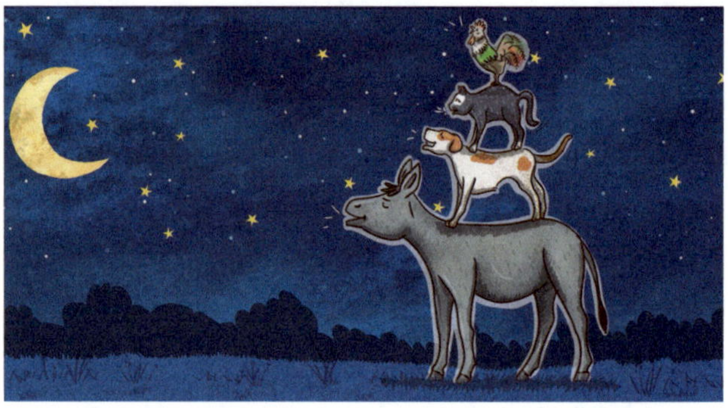

**Mit den Fragewörtern Wer/Was?** und dem **Prädikat** findest du das **Subjekt**.
Der Esel schreit. **Wer** schreit? Der Esel
Der Mond leuchtet. **Was** leuchtet? Der Mond

2. Unterstreiche in jedem Satz in ① das Prädikat und das Subjekt.

3. Unterstreiche in jedem Satz das Prädikat. Erfrage das Subjekt.

Ole liest Märchen. **Wer/Was liest? Ole.**

Katja kennt spannende Märchen.

_____

Heute schreiben wir ein Märchen.

_____

Besuchen sie den Märchenwald?

_____

Die Pause beginnt gleich.

_____

## Satzglieder bestimmen (Subjekt)

**(1)** Markiere die Satzglieder. Nutze die Umstellprobe.

> | <u>Der Vater</u> | <u>bringt</u> | Hänsel und Gretel in den Wald .
>
> Auf den Weg streut Hänsel helle Kieselsteine .
>
> Die hellen Steine leuchten im Mondschein .
>
> Die beiden Kinder finden den Weg .

Ich stelle die Sätze in Gedanken um.

**(2)** Unterstreiche in den Sätzen in (1) das <u>Prädikat</u> und das <u>Subjekt</u>.

**(3)** Unterstreiche das <u>Prädikat</u>. Setze passende <u>Subjekte</u> ein.

> <u>Cleo</u>     <u>schenkt</u> ihrem Bruder eine Märchenfigur.
>
> _____ liest Märchen aus anderen Ländern.
>
> _____ spielen das Märchen vom gestiefelten Kater.
>
> _____ hat viele Seiten.
>
> _____ lieben die Märchen der Gebrüder Grimm.

**(4)** Ergänze in diesen Sätzen eigene <u>Prädikate</u> und <u>Subjekte</u>. Unterstreiche.

> <u>Mein Bruder</u>    <u>blättert</u>    in einem Buch.
>
> Heute _____ _____ einen Film.
>
> _____ _____ eine Hexe?
>
> Am Abend _____ _____ .

## Zweiteilige Prädikate bestimmen

**(1)** Was fällt dir auf? Erzähle.

> Rotkäppchen <u>pflückt</u> Blumen <u>ab</u>.

> Es <u>nimmt</u> den Strauß <u>mit</u>.

---

Das **Prädikat** kann aus **zwei Teilen** bestehen.
Im Fragesatz steht ein Teil des Prädikats vorn.
<u>Pflückt</u> Rotkäppchen Blumen <u>ab</u>?
Der zweite Teil steht meistens hinten: Rotkäppchen <u>pflückt</u> Blumen <u>ab</u>.

---

**(2)** Stelle zum Fragesatz um. Unterstreiche das <u>zweiteilige Prädikat</u>.

Der Frosch <u>taucht</u> aus dem Brunnen <u>auf</u>.

<u>Taucht</u> der Frosch aus dem Brunnen <u>auf</u>?

Hänsel und Gretel knabbern die Lebkuchen an.

Schneewittchen schläft auf dem Bett ein.

**(3)** Setze die Verben ein. Unterstreiche das <u>zweiteilige Prädikat</u>.

anschauen:     Die böse Königin <u>schaut</u> sich im Spiegel <u>an</u>.

anlügen:     Der Jäger _____ die Königin _____.

ankommen:     Schneewittchen _____ beim Haus _____.

aufnehmen:     Die Zwerge _____ Schneewittchen _____.

vorbereiten:     Die Königin _____ einen giftigen Apfel _____.

durchschneiden: Sie _____ den Apfel _____.

**Sprache untersuchen**

sprachliche Strukturen kennen und anwenden: Satzglieder (zwei-teiliges Prädikat) bestimmen, sprachliche Operationen nutzen (umstellen)

• SAH Fö, S. 150
• ÜH FO, S. 51

150

## Zweiteilige Prädikate bestimmen

**(1)** Was fällt dir auf? Erzähle.

> Rotkäppchen <u>hat</u> Blumen <u>gepflückt</u>.

> Der Wolf <u>ist</u> ihm <u>gefolgt</u>.

> Im Perfekt besteht das **Prädikat** aus **zwei Teilen**.
> <u>Hat</u> Rotkäppchen Blumen <u>gepflückt</u>? Rotkäppchen <u>hat</u> Blumen <u>gepflückt</u>.

**(2)** Stelle zum Fragesatz um. Unterstreiche das zweiteilige Prädikat.

Die Hexe <u>hat</u> die Kinder ins Haus <u>gelockt</u>.

<u>Hat</u> die Hexe die Kinder ins Haus <u>gelockt</u>?

Die Zwerge haben Schneewittchen gefunden.

Der Wolf ist zum Haus der Großmutter gelaufen.

**(3)** Setze die Verben im Perfekt ein. Unterstreiche das zweiteilige Prädikat.

treffen: Die Tiere <u>haben</u> sich vor der Stadt <u>getroffen</u>.

gehen: Sie <u>sind</u> zusammen nach Bremen _____ .

sehen: Sie _____ eine Räuberbande _____ .

wohnen: Die Räuber _____ im Wald _____ .

vertreiben: Die Tiere _____ die Räuber _____ .

leben: Danach _____ sie im Räuberhaus _____ .

feiern: Sie _____ viele Feste _____ .

• SAH Fö, S. 151
• ÜH FO, S. 51

sprachliche Strukturen kennen und anwenden: Satzglieder (zwei-
teiliges Prädikat) bestimmen, sprachliche Operationen nutzen
(umstellen)

**Sprache untersuchen**

151

## Fremdwörter merken

**1** Verbinde und erkläre. △

| | |
|---|---|
| das Genie ● | ● Schwimmbecken |
| der Monitor ● | ● sehr schlauer Mensch |
| das Chaos ● | ● Hose aus Baumwollstoff |
| die Jeans ● | ● völliges Durcheinander |
| der Pool ● | ● Bildschirm |

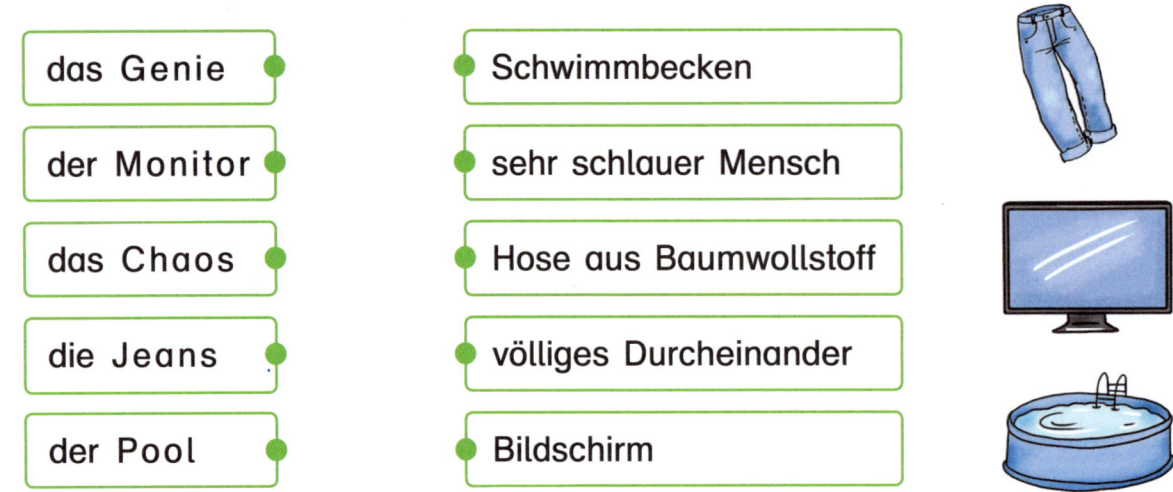

**2** Warum heißen die Wörter aus ① Fremdwörter? Erklärt. 💬

— S. 26  **3** Ordne die Fremdwörter aus ① nach dem Abc.
Prüfe mit der Wörterliste. 📖

1. Chaos          2. _____          3. _____

4. _____          5. _____

— S. 26  **4** Ordne die Nomen nach dem Abc. Prüfe mit der Wörterliste. 📖

| ☐ Sheriff | ☐ Shorts | ☐ Shirt | 1 Shake |
|---|---|---|---|
| ☐ Shampoo | ☐ Show | ☐ Shop | ☐ Shuttle |

**5** Was haben die Wörter gemeinsam? Markiere. △

| Garage | Bandage | Etage | Collage | Massage |
|---|---|---|---|---|

**6** Was bedeuten die Fremdwörter aus ④ und ⑤?
Schreibe auf. ▱

rechtschriftliche Kenntnisse anwenden: Fremdwörter schreiben;
Rechtschreibhilfen nutzen: mit der Wörterliste arbeiten;
Rechtschreibstrategien anwenden: Merken

• SAH Fö, S. 152

## Merkwörter mit V/v, [ver] und [vor] schreiben M ☐

**①** Erzähle.

Schreibe ich **W** oder **V**?

**V**ogel

**V**ulkan schreibst du mit **V**. Wörter mit **V/v** sind Merkwörter.

**②** Schlage die Wörter nach. Setze ein. Markiere. 📖

S. 26 —

| **V**ulkan | __oll | Kla__ier | Pul__er | da__on | be__or |

**③** Bilde Wörter mit [ver]/[vor] und [Ver]/[Vor]. Schreibe auf. 📓 [ver]suchen,...

| ver | vor | suchen singen bessern kaufen bereiten laufen |
| Ver | Vor | kehr hang fahrt bot such trag |

**④** Setze [ver] oder [vor] ein.

Kari und Bu sind [ver]abredet.

Doch Bu hat _____gessen,

wo sie sich treffen wollten.

Deshalb _____spätet er sich.

Kari ist besorgt, dass Bu sich _____flogen hat.

Hoffentlich haben sie sich nicht _____passt.

Wäre Bu doch nicht _____geflogen.

Die Wortbausteine [ver] und [vor] musst du dir merken.

**⑤** Lies die Wörter. Was fällt dir auf? Erzähle. | fertig | Ferien |

• SAH Fö, S. 153
• ÜH FO, S. 53

rechtschriftliche Kenntnisse anwenden: Wörter mit V/v, ver-, vor-schreiben; Rechtschreibhilfen nutzen: mit der Wörterliste arbeiten; Rechtschreibstrategien anwenden: Merken, Wortbausteine

**Richtig schreiben**

# Eine Personenbeschreibung planen und schreiben

① Lies die Personenbeschreibung. Wer ist es? Kreise ein.

> Meine Figur ist <u>sehr alt</u> und <u>schlank</u>.
>
> Auf dem Kopf trägt der Zwerg eine rote Mütze
>
> mit einer weißen Bommel. Seine Haare sind kurz und braun.
>
> Im Gesicht erkennt man grüne Augen.
>
> Unter der Stupsnase sitzt ein hellbrauner Schnurrbart.
>
> Um das Kinn wächst ein dunkelbrauner Vollbart.
>
> Der Zwerg trägt eine grüne Jacke und eine blaue Hose.
>
> Um den Bauch ist ein brauner Gürtel geschnallt.
>
> Die Füße stecken in roten Stiefeln.
>
> In der Hand hält er eine Schaufel.

② Was ist für eine Personenbeschreibung wichtig? Begründet.

**Checkliste Personenbeschreibung**
– genau beschreiben
– von oben nach unten beschreiben
– treffende Wörter verwenden
– Wiederholungen vermeiden

③ Unterstreiche in ① die Informationen zu den Oberbegriffen.

| 1. allgemeine Angaben | 2. Kopf | 3. Kleidung | 4. weitere Merkmale |

④ Erstelle eine Wortsammlung
zu den Oberbegriffen aus ③. △

⑤ Beschreibe eine andere Figur aus ①. Nutze die Wortsammlung aus ④.

Texte verfassen

Texte planen: sprachliche Mittel und Ideen sammeln, Wortfelder
nutzen; Texte schreiben: Texte (Personenbeschreibung) nach
Mustern schreiben

• SAH Fö, S. 154
• ÜH FO, S. 54

## Eine Personenbeschreibung überarbeiten

**(1)** Lies die Beschreibung. Was fällt dir auf?

> Das Subjekt steht immer am Satzanfang. Das klingt langweilig.

> Meine Figur ist ungefähr 60 Jahre alt.
>
> Der Zwerg hat eine schlanke Figur.
>
> Er trägt eine grüne Mütze <u>auf dem Kopf</u>.
>
> *Auf*
>
> Er hat blaue Augen und eine große Nase <u>in seinem Gesicht</u>.
>
>
>
> Er ist <u>bekleidet</u> mit einem roten Pullover und einer gelben Hose.
>
>
>
> Er trägt grüne Stiefel <u>an den Füßen</u>.
>
>
>
> Er hält einen Spaten <u>in seiner Hand</u>.

**(2)** Nehmt die Beschreibung in (1) unter die Lupe.  
Achtet auf die **Satzanfänge**.

S. 20 ——

**(3)** Überarbeite die Sätze in (1).  
Stelle Sätze um.

> Durch Umstellen kann ich abwechslungsreiche Texte schreiben.

S. 20 ——

**(4)** Nimm die Beschreibung in (1) unter die Lupe.  
Achte auf die **Großschreibung am Satzanfang**. Überarbeite.

**(5)** Überarbeite deine Personenbeschreibung von Seite 154.

• SAH Fö, S. 155  
• Das kann ich, S. 20, 21

Texte überarbeiten: Kriterien für die Überarbeitung nutzen, Sätze umstellen; Arbeitstechniken anwenden: Texte auf Richtigkeit überprüfen (Textlupen)

Texte verfassen

155

## Merkwörter mit V/v schreiben

S. 24　**1**　Lies die Wörter halblaut. Was siehst du? Was hörst du?
Markiere die Aufpass-Stelle **V/v**.

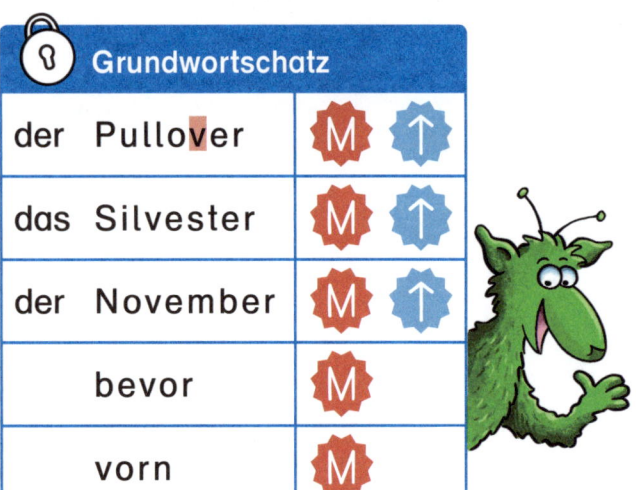

| Grundwortschatz | | |
|---|---|---|
| der Pullover | M | ↑ |
| das Silvester | M | ↑ |
| der November | M | ↑ |
| bevor | M | |
| vorn | M | |

| Grundwortschatz | |
|---|---|
| vielleicht | M |
| brav | M |
| viele | M |
| voll | M |
| davon | M |

S. 23　**2**　Führt ein Rechtschreibgespräch.

**3**　Setze die Wörter ein.

Bu backt für Kari **viele** _____ süße Muffins.

Der Teller ist schon sehr _____ .

Er muss wohl einige _____ selbst essen.

Ein Vogel wartet _____ auf der Fensterbank.

Bu schenkt ihm _____ die Krümel.

brav

voll

~~viele~~

vielleicht

davon

**4**　Schreibe die übrigen Wörter aus **1** in verschiedenen Farben und Formen.

*Pullover*

Rechtschreibstrategien anwenden: Merken, Großschreibung;
Arbeitstechniken anwenden: Rechtschreibgespräch

• SAH Fö, S. 156
• ÜH FO, S. 55

## Merkwörter mit V/v schreiben

**5** Unterstreiche die Wörter aus ①. Markiere die Aufpass-Stelle **V/v**.

> Die Zwerge planen <u>viele</u> Feste schon im November.
>
> Sie träumen schon lange davon,
>
> wie sie Silvester feiern.
>
> Bestimmt tragen sie warme Pullover.
>
> Bevor es zum neuen Jahr läutet,
>
> sitzen die Zwerge noch brav am Tisch.
>
> Vorn steht ein großer Kuchen.
>
> Vielleicht sind ihre Gläser noch voll.

**6** Schreibt den Text aus ⑤ als Partnerdiktat. S. 25 ——

**7** Setze die Häufigkeitswörter ein.

| | |
|---|---|
| Kari und Bu sitzen _____ ihrem Ufo. | viel |
| Sie wollen _____ Schulhof bis zum Bach fliegen. | vom |
| Momo meint, es braucht zu _____ Zeit und Treibstoff. | von |
| Sie gehen zu Fuß _____ der Schule bis zum Bach. | vor |

**8** Schreibe mit jedem Häufigkeitswort aus ⑦ einen Satz.

**9** Markiere die Wortbausteine und Aufpass-Stellen. Erkläre.

| verrückt | _____ |
|---|---|
| vollständig | _____ |

• SAH Fö, S. 157
• ÜH FO, S. 55

Rechtschreibstrategien anwenden: Merken, Großschreibung;
rechtschriftliche Kenntnisse anwenden: Funktionswörter schreiben

Grundwortschatz

**157**

## Satzglieder bestimmen

**1** Stelle den Satz zweimal um. Markiere die Satzglieder.

> Schneewittchen trägt heute ein weißes Kleid.

**2** Unterstreiche in den Sätzen in **1** das Prädikat und das Subjekt.

**3** Markiere die Satzglieder. Nutze die Umstellprobe.
Unterstreiche das Prädikat und das Subjekt.

> | Der Frosch | ist | zum Schloss | gehüpft | .
>
> Er hat nach der Königstochter gerufen .
>
> Der Frosch erinnert sie an ihr Versprechen .
>
> Die Königstochter nimmt den Frosch mit .
>
> Sie setzt ihn auf dem Boden ab .
>
> Der Frosch ist auf das Bett gesprungen .
>
> Wütend hat die Prinzessin den Frosch
>
> an die Wand geworfen .
>
> Der verzauberte Frosch ist ein schöner Prinz .

158

**Wiederholung**
**Sprache untersuchen**

Inhalte des Kapitels wiederholen,
eigenen Lernstand reflektieren

• SAH Fö, S. 158
• Das kann ich, S. 19

## Merkwörter mit V/v, [ver] und [vor] schreiben Ⓜ ▢

**①** Setze die Merkwörter mit **V/v** ein.

| violett | Pullover | bevor | davon | Vogel |
|---|---|---|---|---|

Kari trägt seinen neuen _____ .

Die Ärmel sind _____ .

Über Kari flattert ein kleiner _____ .

Doch _____ Kari reagieren kann,

ist sein neuer Pullover verschmutzt.

Der Vogel fliegt piepend _____ .

**②** Setze [ver] oder [vor] ein.

| [ver]rückt | ____her | ____geblich | ____bieten | ____liebt |
|---|---|---|---|---|
| ____bei | ____sichtig | ____letzt | ____gelaufen | ____hin |

**③** Setze [Ver]/[ver] und [Vor]/[vor] passend ein.

Kari und Bu [ver]reisen sehr gerne. Sie ____suchen,

viele Freunde zu besuchen. Am ____mittag heben sie ab.

Sie steuern ihr Ufo ____sichtig durch das Weltall.

____sehentlich landen sie in einem ____garten.

Das ist doch ____boten! Ihre Freunde ____zeihen ihnen.

**SAH Fö, S. 159**
**Das kann ich, S. 22**

Inhalte des Kapitels wiederholen,
eigenen Lernstand reflektieren

Wiederholung
Richtig schreiben

## Gedanken und Ideen formulieren

① Erzähle.

> Ich möchte dabei sein, wenn die Pyramiden gebaut werden.

> Ich reise in die Zukunft und fliege mit meinen Flugschuhen umher.

> Ich reise in die Vergangenheit zu den Dinosauriern.

Vergangenheit Zukunft

② Wohin könnt ihr noch mit der Zeitmaschine reisen? Erzählt.

③ Wähle ein Reiseziel aus. Begründe deine Entscheidung.

④ Wie sieht es an deinem Reiseziel aus?

○ Male.   ○ Bastele.   ○ Recherchiere.

Sprechen und Zuhören

160

zu anderen sprechen: erzählen, Ideen situations- und adressatengerecht formulieren; verstehend zuhören: Hörtexte / Gespräche erfassen

• SAH Fö, S. 160

## Zu Bildern erzählen

**①** Betrachte die Bilder.

| Vergangenheit | Zukunft |
|---|---|

**②** Sammelt Ideen für eine Geschichte zu einem Reiseziel aus ①. Karis Fragen helfen euch.

> Wo findest du die Zeitmaschine?
> Wie beginnt die Zeitreise?
> Wie sieht der Ort aus?
> Wen triffst du?
> Was passiert Spannendes?
> Wie endet deine Reise?

**③** Notiere Stichworte zu deiner Geschichte auf Karten. Lege einen roten Faden.

**④** Erzähle deine Geschichte. Nutze deinen roten Faden.

**⑤** Gebt euch Rückmeldung. Ergänzt fehlende Karten.

– Dachboden
– Zeitmaschine

– Schalter
Zukunft

...

S. 21

• SAH Fö, S. 161

vor anderen sprechen: mithilfe einer Gliederung (roter Faden) eine Geschichte erzählen; verstehend zuhören: Rückmeldung geben, reflektieren

Sprechen und Zuhören

**161**

## Angaben im Satz erkennen (Ort)

1. Markiere die Satzglieder. Unterstreiche <u>Prädikat</u> und <u>Subjekt</u>.

> Momo sitzt im Gruppenraum.
>
> Momo kommt aus der Klasse.
>
> Momo geht auf den Schulhof.

2. Findet für die übrigen Satzglieder in ① ein passendes Fragewort. Schreibt es neben jeden Satz.

---

Mit den Fragewörtern **Wo? Woher? Wohin?** bestimmst du die <u>Ortsangabe</u>.

**Wo** sitzt Momo? im Gruppenraum

**Woher** kommt Momo? aus der Klasse

**Wohin** geht Momo? auf den Schulhof

---

3. Unterstreiche die <u>Ortsangabe</u> in den Sätzen in ①.

4. Ergänze in jedem Satz eine <u>Ortsangabe</u>. Beachte das Fragewort.

> aus der Turnhalle ~~auf dem Schulhof~~ vom Schulhof
>
> in der Kiste in das Klassenzimmer

**Wo**? Lara steht <u>auf dem Schulhof</u>.

**Wo**? Ali sucht _____.

**Woher**? Steffen rennt _____.

**Woher**? Frau Stein kommt _____.

**Wohin**? Sie geht _____.

Sprache untersuchen    sprachliche Strukturen kennen und anwenden: Satzglieder (Prädikat, Subjekt, Ortsangabe) bestimmen, sprachliche Operationen nutzen (ergänzen)    • SAH Fö, S. 162   • ÜH FO, S. 56

## Angaben im Satz bestimmen (Ort)

**①** Markiere die Satzglieder.
Unterstreiche <u>Prädikat</u>, <u>Subjekt</u> und <u>Ortsangabe</u>.

| Lara | fährt | zum See | .

Im Garten liest Oma .

Ich komme aus der Schule .

Auf dem Sofa schläft Opa .

Kommt Papa aus dem Büro ?

Micha geht in die Klasse .

**②** Bilde Sätze. Verbinde.

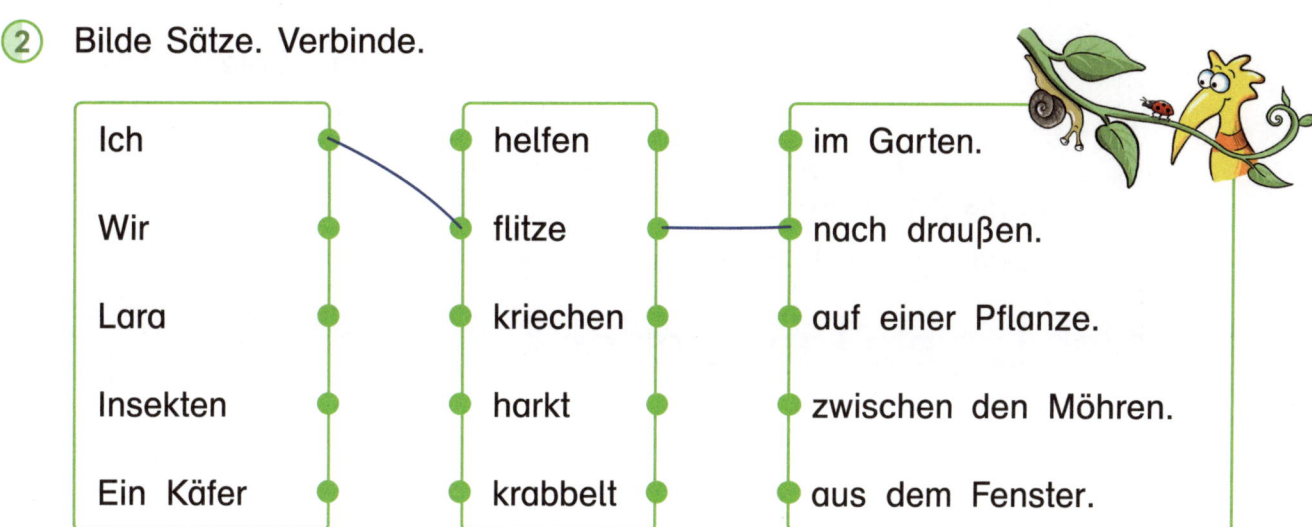

| Ich | helfen | im Garten. |
| Wir | flitze | nach draußen. |
| Lara | kriechen | auf einer Pflanze. |
| Insekten | harkt | zwischen den Möhren. |
| Ein Käfer | krabbelt | aus dem Fenster. |

**③** Schreibe die Sätze aus ② auf. Markiere die Satzglieder.

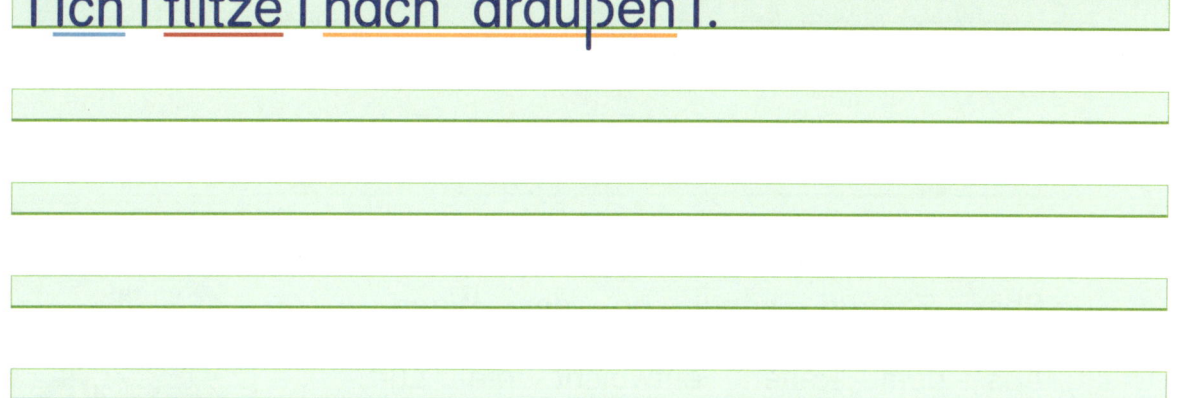

| Ich | flitze | nach draußen | .

**④** Unterstreiche in ③ <u>Prädikat</u>, <u>Subjekt</u> und <u>Ortsangabe</u>.

**⑤** Schreibe eigene Sätze nach diesem Muster: 🟧 🟥 🟦 .

## Angaben im Satz bestimmen (Ort)

Denke an die Personalform der Verben.

**1** Bilde Sätze. Verbinde.

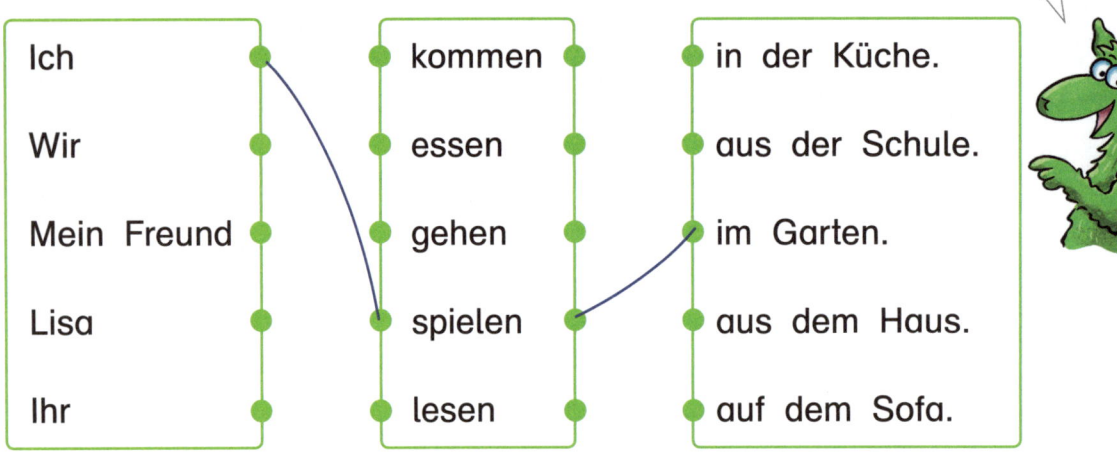

| Ich | kommen | in der Küche. |
| Wir | essen | aus der Schule. |
| Mein Freund | gehen | im Garten. |
| Lisa | spielen | aus dem Haus. |
| Ihr | lesen | auf dem Sofa. |

**2** Schreibe die Sätze aus ① auf. Markiere die Satzglieder.
Unterstreiche Prädikat, Subjekt und Ortsangabe.

| Ich | spiele | im Garten |.

**3** Markiere alle Satzglieder. Unterstreiche Prädikat, Subjekt, Ortsangabe.

| Faruk | geht | in die Garage |.

Sein Fahrrad hängt an der Wand .

Aus dem Reifen entweicht die Luft .

Faruk läuft zum Fahrradladen .

Er wartet vor dem Schaufenster .

Die Verkäufer kommt aus dem Laden .

**Sprache untersuchen** sprachliche Strukturen kennen und anwenden: Satzglieder (Prädikat, Subjekt, Ortsangabe) bestimmen, sprachliche Operationen nutzen (ergänzen)

• SAH Fö, S. 164
• ÜH FO, S. 56

164

## Angaben im Satz erkennen (Zeit)

**(1)** Markiere die Satzglieder. Unterstreiche <u>Prädikat</u> und <u>Subjekt</u>.

> Momo lernt am Nachmittag.
>
> Momo lernt seit 15 Uhr.
>
> Momo lernt zwei Stunden.

**(2)** Findet für die übrigen Satzglieder in **(1)** ein passendes Fragewort.
Schreibt es neben jeden Satz.

> Mit den Fragewörtern **Wann? Seit wann? Wie lange?**
> bestimmst du die **Zeitangabe**.
> **Wann** lernt Momo? am Nachmittag
> **Seit wann** lernt Momo? seit 15 Uhr
> **Wie lange** lernt Momo? zwei Stunden

**(3)** Unterstreiche die <u>Zeitangabe</u> in den Sätzen in **(1)**.

**(4)** Ergänze in jedem Satz eine <u>Zeitangabe</u>. Beachte das Fragewort.

> ~~nachts~~  acht Stunden  seit zwei Stunden  eine Stunde  jeden Abend

**Wann?** Papa schläft <u>nachts</u> .

**Seit wann?** Opa kocht .

**Wie lange?** Mama arbeitet .

**Wann?** Oma singt .

**Wie lange?** Ich spiele .

• SAH Fö, S. 165
• ÜH FO, S. 57

sprachliche Strukturen kennen und anwenden: Satzglieder (Prädikat, Subjekt, Zeitangabe) bestimmen, sprachliche Operationen nutzen (ergänzen)

Sprache untersuchen

165

## Angaben im Satz bestimmen (Zeit)

**1** Markiere die Satzglieder.
Unterstreiche Prädikat, Subjekt und Zeitangabe.

| Am  Abend | liest | Oma | .

Fehlt  Lara  seit  gestern  ?

Lola  hustet  seit  drei  Tagen  .

Ich  spiele  am  Nachmittag  .

Papa  arbeitet  viele  Stunden  .

Wir  schlafen  eine  Stunde  .

**2** Bilde Sätze. Verbinde.

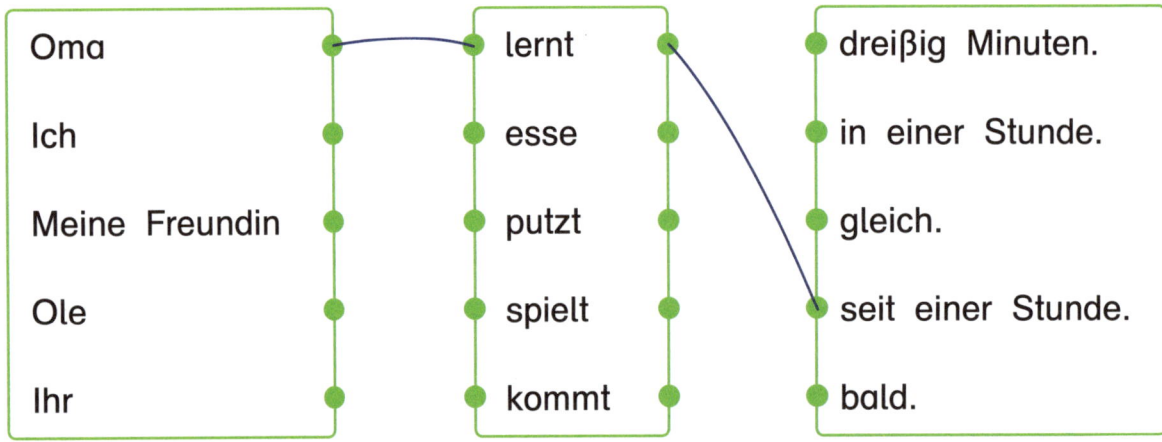

| Oma | lernt | dreißig Minuten. |
| Ich | esse | in einer Stunde. |
| Meine Freundin | putzt | gleich. |
| Ole | spielt | seit einer Stunde. |
| Ihr | kommt | bald. |

**3** Schreibe die Sätze aus **2** auf. Markiere die Satzglieder.

| Oma | lernt | seit einer  Stunde |.

**4** Unterstreiche in **3** Prädikat, Subjekt und Zeitangabe.

**5** Schreibe eigene Sätze nach diesem Muster: ▯ ▯ ▯ .

## Angaben im Satz bestimmen (Zeit)

Denke an die Personalform der Verben.

**1** Bilde Sätze. Verbinde.

| Das Baby | essen | nachmittags. |
| Wir | schlafen | um 12.30 Uhr. |
| Mein Freund | spielen | den ganzen Tag. |
| Momo | putzen | samstags. |
| Ich | warten | seit Stunden. |

**2** Schreibe die Sätze aus **1** auf. Markiere die Satzglieder.
Unterstreiche Prädikat, Subjekt und Zeitangabe.

I Das Baby I schläft I den ganzen Tag I.

**3** Markiere alle Satzglieder. Unterstreiche Prädikat, Subjekt, Zeitangabe.

I Ali I flötet I jeden  Tag I .

Sein  Flötenunterricht  ist  mittwochs .

Der  Flötenunterricht  dauert  eine  Stunde .

Er  beginnt  um  15.00  Uhr .

Opa  wartet  die  ganze  Zeit .

Ali  kommt  nach  einer  Stunde .

• SAH Fö, S. 167
• ÜH FO, S. 57

sprachliche Strukturen kennen und anwenden: Satzglieder (Prädikat, Subjekt, Zeitangabe) bestimmen, sprachliche Operationen nutzen (ergänzen)

Sprache untersuchen

167

## Satzglieder bestimmen

**1** Ergänze in jedem Satz eine Ortsangabe.
Unterstreiche Prädikat, Subjekt, Ortsangabe.

Ole verschwindet **im Garten** .
　　　　　　　　　　　　Wo?

Wir laufen _____ .
　　　　　　　Wohin?

Ein Topf fällt _____ .
　　　　　　　　Woher?

_____ liegen die Gartengeräte.
　　Wo?

**2** Ergänze in jedem Satz eine Zeitangabe.
Unterstreiche Prädikat, Subjekt und Zeitangabe.

Frau Linz unterrichtet **am Vormittag** .
　　　　　　　　　　　　　　Wann?

Cedric und Cleo wandern _____ .
　　　　　　　　　　　　Seit wann?

Samara schwimmt _____ .
　　　　　　　　　Wie lange?

_____ esse ich Müsli.
　　Wann?

**3** Markiere und unterstreiche alle Satzglieder.

I Am Montag I gehen I wir I zwei Stunden I in die Turnhalle I.

Am Waschbecken tropft seit gestern der Hahn .

Die Kinder laufen gleich auf den Schulhof .

Frau Zeitler kommt jetzt aus dem Lehrerzimmer .

Kommt dein Vater jeden Tag um 16.00 Uhr nach Hause ?

Jeden Abend spielt Kari neben dem Ufo .

Sprache untersuchen　　sprachliche Strukturen kennen und anwenden: Satzglieder (Prä-　　• SAH Fö, S. 168
dikat, Subjekt, Ortsangabe, Zeitangabe) bestimmen, sprachliche　　• ÜH FO, S. 58
Operationen nutzen (ergänzen)

## Merkwörter mit ai schreiben M

**①** Erzähle.

Warum schreibe ich diese Wörter mit **ai**?

Hai
Mai
Mais

Ich kann es nicht erklären. Wörter mit **ai** sind Merkwörter.

**②** Erklärt.

Die **Seite** eines Buches ist dünn.
Die **Saite** einer Gitarre kann schnell reißen.

Das Brot wird zu einem **Laib** geformt.
Den Körper eines Menschen nennt man auch **Leib**.

Achte auf die Bedeutung der Wörter.

**③** Bilde zusammengesetzte Nomen.
Schreibe sie auf.

| | | |
|---|---|---|
| Mai | + Glöckchen | = Maiglöckchen |
| Kaiser | + Krone | = |
| Hai | + Fisch | = |
| Mai | + Käfer | = |
| Mais | + Kolben | = |
| Frosch | + Laich | = |
| Brot | + Laib | = |

**④** Übe die Merkwörter mit **ai** von dieser Seite.

S. 27

• SAH Fö, S. 169
• ÜH FO, S. 59

rechtschriftliche Kenntnisse anwenden: Wörter mit ai schreiben;
Rechtschreibstrategien anwenden: Merken

**Richtig schreiben**

## Merkwörter mit I/i schreiben M

**1** Erzähle.

Warum schreibe ich diese Wörter nicht mit **ie**? Die erste Silbe ist doch offen.

Ich kann **e**s nicht erklären. Es sind Merkwörter.

Tiger
Igel

S. 26 **2** Schreibe die Nomen mit bestimmtem Artikel auf. Prüfe. 📖
Markiere die Aufpass-Stelle **i**.

| Polizei | Kino | Primel | Kiwi | Bibel | Zitrone |

die Polizei,

**3** Ordne die Nomen nach dem Abc.

| Pelikan | Liter | Fibel | Salami | Dino | Juli |

1. Dino       2.            3.

4.            5.            6.

**4** Markiere die Aufpass-Stellen. Erkläre.

| multiplizieren |    | Asien |    | Familie |

S. 27 **5** Übe die Merkwörter dieser Seite.

rechtschriftliche Kenntnisse anwenden: Wörter mit i schreiben; • SAH Fö, S. 170
Rechtschreibhilfen nutzen: mit der Wörterliste arbeiten; • ÜH FO, S. 60
Rechtschreibstrategien anwenden: Merken

## Merkwörter mit I/i schreiben 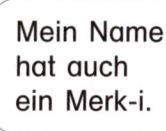M

**1** Schlage die Wörter nach. 📖

S. 26 —

 **Tiger, S. 15**

**2** Ordne die Nomen aus ① nach dem Abc.

1. _____    2. _____    3. _____

4. _____    5. _____    6. _____

7. _____    8. _____

> Mein Name hat auch ein Merk-i.

**3** Schlage die Wörter nach. Ergänze. 📖

S. 26 —

 Wir zeichnen ein Bild mit vielen **Linien** _____.

 Dafür benutzen wir ein langes _____.

 Auf das Bild malen wir _____.

 Er hat an jedem Fuß einen _____ Schuh.

 Ole malt einen _____.

 Lola zeichnet einen _____.

 Remo spielt auf seiner _____.

• SAH Fö, S. 171
• ÜH FO, S. 60

rechtschriftliche Kenntnisse anwenden: Wörter mit i schreiben;
Rechtschreibhilfen nutzen: mit der Wörterliste arbeiten;
Rechtschreibstrategien anwenden: Merken

**Richtig schreiben**

**171**

## Eine Geschichte planen

(1) Vergleiche.

Wenn ich Gefühle beschreibe, hast du Kino im Kopf.

– Dachboden
– Zeitmaschine

– Schalter Zukunft

– Straße
– fliegende Menschen

– Mülltonne
– Flugschuhe finden

– Funken sprühen

– Absturz

– Flügel aus Schuh

...

| Schreibplan | |
|---|---|
| Thema | Zeitreise in die Zukunft |
| Anfangssatz | Auf dem Dachboden meines Onkels finde ich zwischen alten Möbeln ein seltsames Gerät. |
| Was passiert? Gefühl | Dachboden, Zeitmaschine Neugier |
| Was passiert? Gefühl | Schalter Zukunft Aufregung |
| Was passiert? Gefühl | Straße, fliegende Menschen Verwunderung |
| Was passiert? Gefühl | Mülltonne, Flugschuhe finden Begeisterung |
| Was passiert? Gefühl | Funken sprühen Schreck |
| Was passiert? Gefühl | Absturz Angst |
| Was passiert? Gefühl | Flügel aus Schuh Erleichterung |
| Ende | Zeit abgelaufen Reise zu Ende |
| Überschrift | Der Funkenflug |

(2) Schreibe auf Seite 173 einen Schreibplan für deine Geschichte. Nutze deinen roten Faden von Seite 161. Stelle vor.

Texte planen: Schreibziel klären, Schreibideen nutzen, sprachliche • SAH Fö, S. 172
Mittel sammeln, Gliederung anfertigen (roter Faden, Schreibplan)

# Eine Geschichte planen

## Schreibplan

| | |
|---|---|
| Thema | |
| Anfangssatz | |
| Was passiert? | |
| Gefühl | |
| Was passiert? | |
| Gefühl | |
| Was passiert? | |
| Gefühl | |
| Ende | |
| Überschrift | |

Texte planen: Schreibziel klären, Schreibideen nutzen, sprachliche
Mittel sammeln, Gliederung anfertigen (roter Faden, Schreibplan)

**Texte verfassen**

# Gefühle in Geschichten ausdrücken

**①** Lies die Geschichte.

---

Der Funkenflug

1 Auf dem Dachboden meines Onkels finde ich zwischen alten
Möbeln ein seltsames Gerät. Neugierig betrachte ich meine
Entdeckung. Ein Hebel lässt sich nach vorn und hinten bewegen.
Daneben sind Schilder mit der Aufschrift „Vergangenheit" und
5 „Zukunft" angebracht. Aufgeregt drücke ich den Hebel in Richtung
„Zukunft". Es macht „Pling". Auf einmal dreht sich alles um mich.
Als ich nach einer Weile wieder klar sehen kann, wundere ich mich.
Ich stehe nun mitten auf einer Straße. Um mich herum fliegen alle
Menschen mit eigenartigen Schuhen an ihren Füßen durch die Luft.
10 Das sieht lustig aus. Hinter einer Mülltonne finde ich Schuhe. Ich
ziehe sie begeistert an. Als sie vorsichtig starten, jubele ich vor
Glück. In meinem Bauch kribbelt es, als ich langsam vom Boden
abhebe. Ich fliege immer höher und höher. Die Welt unter mir wird
immer kleiner und kleiner. Doch plötzlich spüre ich einen Ruck in
15 meinem rechten Schuh. Erschrocken sehe ich, dass dieser nun
aus allen Öffnungen gefährliche Funken sprüht. Mein Herz rast.
Der Schuh scheint tatsächlich kaputt zu sein. Mit einem Mal
ändert sich die Flugrichtung. Ängstlich erkenne ich, dass ich
abstürze. Pfeilschnell falle ich nun in Richtung Erdboden. Doch
20 kurz vor dem Boden klappen wie von Geisterhand aus meinem
linken Schuh seitlich Flügel aus. Mir fällt ein Stein vom Herzen.
Erleichtert lande ich wieder auf dem Boden.
Aus der Ferne höre ich ein mir bekanntes „Pling". Alles dreht sich.
Kurze Zeit später stehe ich wieder auf dem Dachboden meines
25 Onkels. Das muss ich ihm sofort erzählen. Das ist das Abenteuer
meines Lebens!

---

**②** Welche Ausdrücke für Gefühle werden in **①** verwendet?
Welche Satzanfänge machen die Geschichte spannend? Markiert in **①**. 

| Neugier | Begeisterung | Erleichterung | Schreck |
|---|---|---|---|

| Aufregung | Angst | Verwunderung | spannende Satzanfänge |
|---|---|---|---|

## Eine Geschichte mit bildhafter Sprache schreiben

**(1)** Erzähle.

Ich könnte die ganze Welt umarmen.

Ich bekomme kalte Füße.

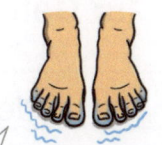

Redewendungen zaubern dir ein Bild in den Kopf.

**(2)** Ordnet die Redewendungen den Gefühlen zu.
Unterstreicht.

| | | |
|---|---|---|
| Angst |  | Ich bekomme kalte Füße. |
| Freude |  | Ich könnte die ganze Welt umarmen. |
| Wut |  | Ich fahre aus der Haut. |
| Traurigkeit |  | Ich lasse den Kopf hängen. |

Ich bekomme kalte Füße.

Ich könnte die ganze Welt umarmen.

Ich fahre aus der Haut.

Ich lasse den Kopf hängen.

Mir rutscht das Herz in die Hose.

Ich gehe in die Luft.

Ich bin ganz aus dem Häuschen.

Ich heule wie ein Schlosshund.

**(3)** Welche Redewendungen möchtest du
in deiner Geschichte verwenden?
Kreuze in **(2)** an.

**(4)** Schreibe deine Geschichte
mithilfe deines Schreibplans
und Karis Checkliste.

**Checkliste Geschichte**
– sinnvolle Reihenfolge
– Wiederholungen vermeiden
– spannende Satzanfänge
– Verben und Adjektive für Gefühle
– Redewendungen für Gefühle
– passende Überschrift

S. 21

**(5)** Lest eure Geschichten vor.
Gebt euch Rückmeldung.

• SAH Fö, S. 175
• ÜH FO, S. 61

Texte planen: Schreibziel klären, sprachliche Mittel (bildhafte
Sprache) sammeln; Texte schreiben: Texte (Geschichte) nach
Mustern schreiben; Mehrdeutigkeit von Sprache kennen

**Texte verfassen**

## Eine Geschichte überarbeiten

— S. 20 (1) Nehmt die Geschichte unter die Lupe.
Achtet auf **Adjektive für Gefühle**.

Abenteuer bei den Pyramiden

Heute reise ich in die Vergangenheit.

Ich bin sehr __gespannt_____, welche Abenteuer mich erwarten.

_____ drücke ich den Hebel in Richtung „Vergangenheit".

Es macht „Pling". Auf einmal dreht sich alles um mich herum.

Als ich meine Augen wieder öffne, merke ich: Ich bin wirklich

in Ägypten bei den Pyramiden gelandet.

Ich frage mich, wie es in den Pyramiden aussieht.

Ob ich einfach in eine hineingehe?

_____ wage ich mich zum Eingang.

Niemand ist zu sehen. Leise betrete ich die Pyramide.

Plötzlich fällt das Tor hinter mir zu.

Bin ich nun gefangen?

_____ rufe ich: „Hallo, ist da jemand?" Keine Antwort.

Da öffnet sich das Tor und ich höre ein leises „Pling".

Kurze Zeit später bin ich wieder zu Hause.

Ich bin so _____.

— S. 20 (2) Überarbeite die Geschichte in (1). Setze die **Adjektive für Gefühle** ein.
Denke an die **Großschreibung am Satzanfang**.

| erleichtert | ~~gespannt~~ | ängstlich | vorsichtig | mutig |

(3) Nimm deine Geschichte von Seite 175 unter die Lupe.
Achte auf **Ausdrücke für Gefühle**. Überarbeite.

Texte überarbeiten: Kriterien für die Überarbeitung nutzen,
bildhafte Sprache nutzen; Arbeitstechniken anwenden:
Texte auf Richtigkeit überprüfen (Textlupen)

• SAH Fö, S. 176
• ÜH FO, S. 62

## Eine Geschichte überarbeiten ▭

(1) Lest euch die Geschichte aus (2) von Seite 176 vor.
Vergleicht und gebt euch Rückmeldung. ♥ 💡

S. 21 ——

(2) Setze die Redewendungen passend ein.

> die ganze Welt umarmen
> Das Herz rutscht mir in die Hose.
>
> wie von Geisterhand
> ganz aus dem Häuschen

> Als ich meine Augen wieder öffne,
>
> bin ich _____ .

> Plötzlich fällt das Tor hinter mir zu.
>
> _____

> Da öffnet sich _____ das Tor
>
> und ich höre ein leises „Pling".

> Kurze Zeit später bin ich wieder zu Hause.
>
> Ich könnte _____ ,
>
> so erleichtert bin ich nun.

(3) Erkläre die Redewendungen aus (2). △

(4) Lest euch die ganze Geschichte von Seite 176 mit den Redewendungen
aus (2) vor. 👥

(5) Nimm deine Geschichte von Seite 175 unter die Lupe. ▭
Achte auf **Redewendungen für Gefühle**. Überarbeite. ◻

S. 20 ——

---

• SAH Fö, S. 177
• ÜH FO, S. 62

Texte überarbeiten: Kriterien für die Überarbeitung nutzen,
bildhafte Sprache nutzen; Arbeitstechniken anwenden:
Texte auf Richtigkeit überprüfen (Textlupen)

**Texte verfassen**

# Forschen mit Kari und Bu

## Merkwörter mit ai und I/i schreiben

S. 24 **1** Lies die Nomen halblaut. Was siehst du? Was hörst du?
Markiere die Aufpass-Stellen **ai** und **I/i**.

| 🔒 Grundwortschatz | | |
|---|---|---|
| der Mai | Ⓜ | ⬆ |
| der Hai | Ⓜ | ⬆ |
| der Mais | Ⓜ | ⬆ |
| der Kaiser | Ⓜ | ⬆ |
| der Juni | Ⓜ | ⬆ |

| 🔒 Grundwortschatz | | |
|---|---|---|
| das Lineal | Ⓜ | ⬆ |
| der Igel | Ⓜ | ⬆ |
| der Juli | Ⓜ | ⬆ |
| der Liter | Ⓜ | ⬆ |
| die Minute | Ⓜ | ⬆ |

S. 23 **2** Führt ein Rechtschreib-Gespräch. 👥

**3** Setze Nomen aus ① ein.

> Kari und Bu fliegen im _Juni_____ zum Mond.
>
> Mit einem _____ messen sie die Länge der Steine.
>
> Sie gießen einen _____ Wasser auf den Boden.
>
> Dabei zählen sie jede _____, bis es versickert ist.
>
> Sie bleiben bis Mitte des Monats _____.

**4** Schreibe die übrigen Nomen aus ① in verschiedenen Farben.

> _Mai_

Grundwortschatz    Rechtschreibstrategien anwenden: Merken, Großschreibung;    • SAH Fö, S. 178
Arbeitstechniken anwenden: Rechtschreibgespräch    • ÜH FO, S. 63

## Merkwörter mit ai und I/i schreiben

**5** Unterstreiche die Wörter aus **1**. Markiere die Aufpass-Stellen **ai** und **I/i**.

Die Klasse 3c möchte ein Maisfeld besuchen.

Im Mai, Juni und Juli sind die Pflanzen noch zu klein.

So fahren die Kinder in einen Zoo.

Sie bestaunen Kaisergänse und Igel.

Das Haibecken ist sehr groß. Es würde

viele Minuten dauern, um es mit einem Lineal

zu messen. Wie viele Liter Wasser sind im Becken?

**6** Schreibt den Text aus **5** als Partnerdiktat. S. 25

**7** Setze die Häufigkeitswörter ein.

Kari und Bu fliegen _____ Mond.

Sie können gerade noch _____ den höchsten Berg fliegen.

Dann landen sie _____ tiefsten Krater.

Hoffentlich gibt es keinen Schaden _____ Ufo.

| am |
| im |
| um |
| zum |

**8** Schreibe mit jedem Häufigkeitswort aus **7** einen Satz.

**9** Dieses Adjektiv hat drei Aufpass-Stellen. Markiere und erkläre.

violett

• SAH Fö, S. 179
• ÜH FO, S. 63

Rechtschreibstrategien anwenden: Merken, Großschreibung; rechtschriftliche Kenntnisse anwenden: Funktionswörter schreiben

**Grundwortschatz**

**179**

## Satzglieder bestimmen

**1** Bilde Sätze. Verbinde.

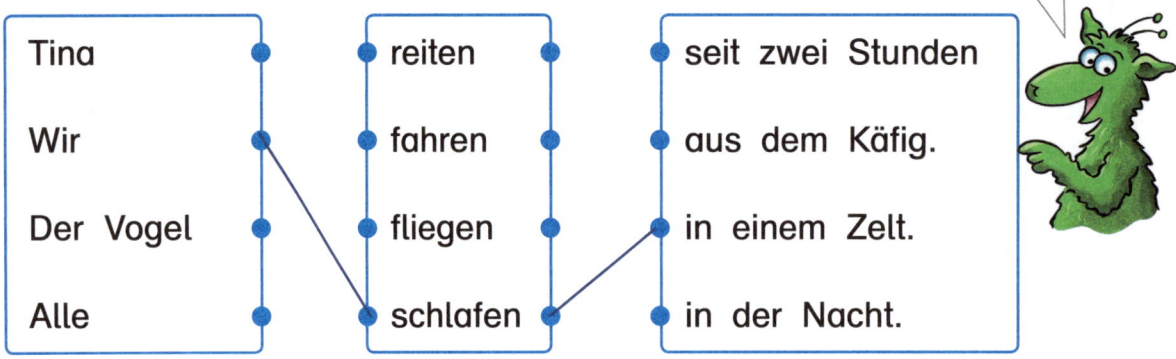

Denke an die Personalform der Verben.

| Tina | reiten | seit zwei Stunden |
| Wir | fahren | aus dem Käfig. |
| Der Vogel | fliegen | in einem Zelt. |
| Alle | schlafen | in der Nacht. |

**2** Schreibe die Sätze aus **1** auf. Markiere die Satzglieder.
Unterstreiche Prädikat, Subjekt, Ortsangabe und Zeitangabe.

I Wir I

**3** Markiere die Satzglieder.
Unterstreiche Prädikat, Subjekt, Ortsangabe und Zeitangabe.

I Unsere Klasse I fährt I drei Tage lang I auf Klassenfahrt I.

Am Montag um 8.00 Uhr beginnt die Klassenfahrt .

Alle Kinder kommen um 7.45 Uhr zum Parkplatz .

Sofort steigen wir in den Bus .

Das Gepäck kommt in die Gepäckfächer .

Startet der Busfahrer um 8.15 Uhr ?

**Wiederholung**
**Sprache untersuchen**

Inhalte des Kapitels wiederholen,
eigenen Lernstand reflektieren

• SAH Fö, S. 180
• Das kann ich, S. 23

## Merkwörter mit I/i schreiben

**1** Finde die passenden Merkwörter mit **i**. Löse das Rätsel.

1. Von diesem Gemüse gibt es grüne, gelbe, orange und rote Sorten.

2. Eine Packung Mehl wiegt meistens 1 …

3. Mein Vater kauft heute 3 … Milch.

4. Diese Blume blüht im Frühling.

5. Aus Rot und Blau mische ich die Farbe …

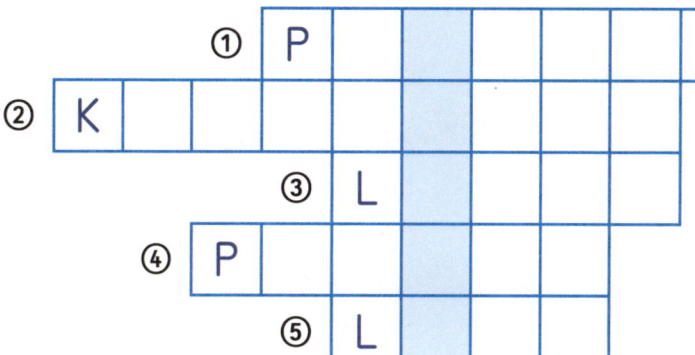

① P ☐ ☐ ☐ ☐ ☐ ☐

② K ☐ ☐ ☐ ☐ ☐

③ L ☐ ☐ ☐ ☐

④ P ☐ ☐ ☐ ☐ ☐

⑤ L ☐ ☐ ☐

Lösungswort: ___ ___ ___ ___ ___

**2** Ordne die Wörter nach dem Abc. Markiere die Aufpass-Stelle **i**.

| Paprika | Polizei | Pelikan | Biber |
|---------|---------|---------|-------|
| Zitrone | Giraffe | Liter | Lineal |

1. _____  5. _____

2. _____  6. _____

3. _____  7. _____

4. _____  8. _____

S. 22

• SAH Fö, S. 181
• Das kann ich, S. 24

Inhalte des Kapitels wiederholen,
eigenen Lernstand reflektieren

Wiederholung
Richtig schreiben

181

## Einen Tagebucheintrag gestalten

**(1)** Lies den Tagebucheintrag aus dem **Lotta-Leben**.

Cheyenne ist nämlich meine **allerbeste Freundin**, seit dem Kindergarten! Und zwar, weil:

Cheyenne →

**1.** Wir mögen dieselben **Spiele** (zum Beispiel Beerdigung. Dafür nehmen wir immer Cheyennes Schwester Chanell und buddeln sie in der Sandkiste ein).

**2.** Wir finden das Gleiche **komisch** (zum Beispiel, wenn bei Cheyenne ganz oben im Haus ein Fernseher aus dem Fenster geschmissen wird).

**3.** Cheyenne ist total mutig und sagt immer so **freche Sachen** (das üb ich noch).

**4.** Wir mögen gern das Gleiche essen (nämlich am liebsten **Knäckebrot mit Erdnussbutter und Chipsletten**. Obwohl, eigentlich mag Cheyenne alles gerne essen).

**5.** Cheyenne kann total gut **Geheimnisse** für sich behalten (zum Beispiel, wer den Regenwurm unter die Salamischeibe von Frau Bohstedts Pausenbrot gelegt hat. Aber was gibt die mir auch eine Vier für mein tolles Bild in Kunst???).

**6.** Wir liiiiieben **Tiere!!!**

7

**(2)** Wie gestaltet Lotta ihren Text? Erzählt.

**(3)** Schreibe einen eigenen Tagebucheintrag über deine Freundin oder deinen Freund. Schreibe und gestalte wie Lotta.

## Einen Tagebucheintrag gestalten

① Lies den Tagebucheintrag aus dem **Lotta-Leben**. Erzähle.

---

**MITTWOCH, DER 21. MÄRZ**

Nur noch **drei Tage**
Schule bis zu den ➡ **Osterferien!**

Auf dem Schulhof haben wir uns heute darüber
unterhalten, was wir in den Ferien machen.
Die meisten aus der 5b bleiben zu Hause.
Meine **allerbeste Freundin** Cheyenne auch.

**Voll cool!** Zwei Wochen nur rumgammeln und
Fernsehen gucken. Und Ostereier essen, natürlich!

Chanell →

20

---

② Was macht ihr in den Ferien? Erzählt. 👥

③ Schreibe einen eigenen Tagebucheintrag zu deinen Ferien.
Schreibe und gestalte wie Lotta. 📖

• SAH Fö, S. 183          Texte planen/schreiben: nach Anregung eigene Texte          Texte verfassen
                          (Tagebucheintrag) schreiben, Text gestalten

183

## Ein Drehbuch planen und schreiben

**(1)** Lest den Text mit verteilten Rollen. 👥

> Der kleine Timo sitzt mit seiner Mutter im Zug.
>
> Er jammert: „Mama, ich habe Hunger!"
>
> Mutter gibt ihm leckere Kirschen.
>
> Timo isst die Kirschen.
>
> Nebenan liest ein Mann Zeitung.
>
> Als Timo und seine Mutter aussteigen,
>
> meckert sie: „Du hast die Kerne hoffentlich
>
> nicht auf den Boden gespuckt!"
>
> Timo antwortet entsetzt:
>
> „Natürlich nicht! Ich habe sie alle gut weggepackt."

**(2)** Schneidet schmale Papierstreifen. Deckt damit im Text in ① die wörtliche Rede ab. Was bleibt übrig? Erzählt. 👥

**(3)** Schreibt für den Text aus ① ein Drehbuch. Dabei muss alles, was nicht abgedeckt ist, durch euer Spiel deutlich werden. 👥 📖

| Wer spricht? | Was wird gesagt? | Was passiert? |
| --- | --- | --- |
| | | Timo sitzt in einem Zug, gegenüber seine Mutter. Neben Timo sitzt ein Mann und liest die Zeitung. Er trägt einen Hut. Zuggeräusche und Gespräche im Hintergrund |
| Timo | Mama, ich habe Hunger! | Timo jammert. Er reibt sich den Bauch. |
| | | Die Mutter steht auf und holt eine Box aus der Tasche. Sie reicht Timo die Box. Er öffnet sie und isst die Kirschen. Die Mutter liest in einem Buch. Timo schaut sich um. Er legt die Kirschkerne auf den Hut des Mannes … |

## Ein Rollenspiel spielen

(1) Übt das Rollenspiel von Seite 184. Spielt es vor.

(2) Nehmt das Rollenspiel auf.
Überlegt euch auch, wie ihr Geräusche erzeugen könnt.

(3) Lies die Witze.

---

Der erste Schultag ist vorbei. Leo kommt nach Hause.

Seine Mutter fragt ihn: „Hallo Leo! Hast du heute schon viel gelernt?"

Leo überlegt eine Weile.

Dann antwortet er: „Ja, aber scheinbar noch nicht genug.
Morgen muss ich wieder hin!"

---

Mia kommt aufgeregt und zu spät in die Schule.

Der Unterricht hat schon angefangen.

Leise schleicht sie an ihren Platz.

Der Lehrer fragt sie: „Warum kommst du so spät?"

Mia antwortet: „Ich bin von Räubern überfallen worden!"

Der Lehrer fragt: „Und? Was hat man dir geraubt?"

Mia antwortet daraufhin: „Zum Glück nur die Hausaufgaben!"

---

Die Klasse hat Sachunterricht.

Die Lehrerin fragt die Kinder: „Warum fliegen die Zugvögel im Herbst
und Winter in den Süden?"

Lisa meldet sich und antwortet: „Na, das ist doch klar!
Zu Fuß wäre es viel zu weit!"

---

(4) Wählt einen Witz aus (3) aus. Schreibt ein Drehbuch.

(5) Übt das Rollenspiel. Spielt es vor.

• SAH Fö, S. 185    vor anderen sprechen: szenisch spielen; Texte planen/schreiben:    **Sprechen und**
Drehbuch erstellen; Texte erschließen: Perspektiven einer    **Zuhören** 185
literarischen Figur einnehmen

| Kapitel | Sprechen und Zuhören | Sprache untersuchen |
|---|---|---|
| Medien entdecken | S. 100–103: zu anderen sprechen: erzählen, berichten, Gespräche situationsangemessen planen; mit anderen sprechen: Interview durchführen, offene/geschlossene Fragen kennen und nutzen, argumentieren; verstehend zuhören: Hörtexte erfassen, gezielt nachfragen, Zuhörregeln anwenden, reflektieren | S. 104–109/118: sprachliche Begriffe/Strukturen kennen und anwenden: Adjektive kennen und nutzen, Adjektive mit -ig, -lich kennen, zusammengesetzte Nomen (Adjektiv + Nomen, Verb + Nomen) kennen, Möglichkeiten der Wortbildung kennen; S. 118: eigenen Lernstand reflektieren |
| Welt der Sprache | S. 120/121: zu anderen sprechen: erzählen, informieren, Fachbegriffe nutzen; Gemeinsamkeiten und Unterschiede von Sprachen untersuchen; verstehend zuhören: Hörtexte erfassen | S.122–127/138: sprachliche Strukturen/Begriffe kennen und anwenden: Steigerung von Adjektiven (Grundstufe, Vergleichsstufen), mit Adjektiven vergleichen, nominalisierte Verben kennen, Möglichkeiten der Wortbildung kennen, Komma bei Aufzählung kennen und nutzen; S. 138: eigenen Lernstand reflektieren |
| Sagenhafte Märchenwelt | S. 140–143: zu anderen sprechen: beschreiben, (zu Bildern) erzählen, Fachbegriffe nutzen (Märchen); mit anderen sprechen: eigene Ideen einbringen, auf Beiträge anderer eingehen; vor anderen sprechen: mithilfe einer Gliederung (roter Faden) ein Märchen nacherzählen, para- und nonverbale Äußerungen wahrnehmen; verstehend zuhören: Hörtexte erfassen, Gesprächsprozesse verfolgen, reflektieren | S. 144–151/158: sprachliche Strukturen kennen und anwenden: Satzglieder (einteilige/zweiteilige Prädikate, Subjekt) bestimmen, sprachliche Operationen nutzen (umstellen); S. 158: eigenen Lernstand reflektieren |
| Fantasie und Träume | S. 160/161: zu anderen sprechen: erzählen, Ideen situations- und adressatengerecht formulieren, mithilfe einer Gliederung (roter Faden) eine Geschichte erzählen; verstehend zuhören: Hörtexte/Gespräche erfassen, Rückmeldung geben, reflektieren | S. 162–168/180: sprachliche Strukturen kennen und anwenden: Satzglieder (Prädikat, Subjekt, Ortsangabe, Zeitangabe) bestimmen, sprachliche Operationen nutzen (ergänzen); S. 180: eigenen Lernstand reflektieren |
| Durch das Jahr | S. 185: vor anderen sprechen: szenisch spielen | |

| Richtig schreiben | Texte verfassen | Digitale Kompetenzen |
|---|---|---|
| **S. 110–113/116/117/119**: rechtschriftliche Kenntnisse anwenden: zusammengesetzte Nomen mit Auslautverhärtung (t/d, p/b, k/g), Doppelkonsonanz, tz, ck schreiben; Rechtschreibstrategien anwenden: Weiterschwingen; **S. 116/117**: rechtschriftliche Kenntnisse anwenden: Funktionswörter schreiben; Arbeitstechnik: Rechtschreibgespräch; **S. 119**: eigenen Lernstand reflektieren | **S. 114/115**: Texte planen: sprachliche Mittel und Ideen ordnen, Textmuster nutzen, argumentieren; Texte überarbeiten: Texte auf Verständlichkeit und Wirkung überprüfen, Kriterien für die Überarbeitung nutzen; Arbeitstechniken anwenden: Texte auf Richtigkeit überprüfen (Textlupen) | **S. 100–103**: mit Medien umgehen: über Medienerfahrung berichten, Interview durchführen, Wahl für Bücher/Hörbücher begründen, Medieneinsatz begründen |
| **S. 128/129/136/137/139**: rechtschriftliche Kenntnisse anwenden: Adjektive mit Auslautverhärtung (t/d, p/b, k/g, ß/s) schreiben, Wörter mit ä schreiben; Rechtschreibhilfe nutzen: mit der Wörterliste arbeiten; Rechtschreibstrategien anwenden: Weiterschwingen (1. Vergleichsstufe), Merken; **S. 136/137**: rechtschriftliche Kenntnisse anwenden: Funktionswörter schreiben; Arbeitstechnik: Rechtschreibgespräch; **S. 139**: eigenen Lernstand reflektieren | **S. 130–135**: Texte planen: Informationen markieren, sammeln, zu Oberbegriffen ordnen; Texte überarbeiten: Kriterien für die Überarbeitung nutzen; Arbeitstechniken anwenden: Texte auf Richtigkeit überprüfen (Textlupen); Texte schreiben: Steckbrief nach Mustern schreiben; Texte präsentieren: analoge, digitale Präsentationsformen kennen, Texte analog/digital gestalten, Vortrag adressatengerecht vorbereiten, halten | **S. 121/134/135**: mit Medien umgehen: Recherche im Internet, Informationen zu Oberbegriffen sammeln, ausgewählte digitale Werkzeuge nutzen |
| **S. 152/153/156/157/159**: rechtschriftliche Kenntnisse anwenden: Fremdwörter schreiben, Wörter mit V/v, ver-, vor- schreiben; Rechtschreibhilfen nutzen: mit der Wörterliste arbeiten; Rechtschreibstrategien anwenden: Merken, Wortbausteine; **S. 156/157**: rechtschriftliche Kenntnisse anwenden: Funktionswörter schreiben; Arbeitstechnik: Rechtschreibgespräch; **S. 159**: eigenen Lernstand reflektieren | **S. 154/155**: Texte planen: sprachliche Mittel und Ideen sammeln, Wortfelder nutzen; Texte schreiben: Texte (Personenbeschreibung) nach Mustern schreiben; Texte überarbeiten: Kriterien für die Überarbeitung nutzen, Sätze umstellen; Arbeitstechniken anwenden: Texte auf Richtigkeit überprüfen (Textlupen) | **S. 142**: mit Medien umgehen: Märchen aufnehmen |
| **S. 169–171/178/179/181**: rechtschriftliche Kenntnisse anwenden: Wörter mit ai und i schreiben; Rechtschreibhilfen nutzen: mit der Wörterliste arbeiten; Rechtschreibstrategien anwenden: Merken; **S. 178/179**: rechtschriftliche Kenntnisse anwenden: Funktionswörter schreiben; Arbeitstechnik: Rechtschreibgespräch; **S. 181**: eigenen Lernstand reflektieren | **S. 172–177**: Texte planen: Schreibziel klären, Schreibideen nutzen, sprachliche Mittel sammeln, Gliederung anfertigen (roter Faden, Schreibplan); Texte schreiben: Geschichte nach Mustern schreiben; Texte überarbeiten: Kriterien für die Überarbeitung nutzen, bildhafte Sprache nutzen; Arbeitstechniken anwenden: Texte auf Richtigkeit prüfen (Textlupen) | |
| | **S. 182/183**: Texte planen/schreiben: nach Anregung eigene Texte (Tagebucheintrag) schreiben, Text gestalten; **S. 184/185**: Texte planen/schreiben: Drehbuch erstellen, Texte erschließen: Perspektiven einer literarischen Figur einnehmen | |

# Bild- und Textquellenverzeichnis

## Bildquellenverzeichnis

## Textquellenverzeichnis